福祉住環境コーディネーター検定試験®

谷川 博康 ● 監修

3級

模擬問題集

日本能率協会マネジメントセンター

本書の内容に関するお問い合わせについて

平素は日本能率協会マネジメントセンターの書籍をご利用いただき、ありがとうございます。
弊社では、皆様からのお問い合わせへ適切に対応させていただくため、以下①〜④のように
ご案内しております。

①お問い合わせ前のご案内について

現在刊行している書籍において、すでに判明して
いる追加・訂正情報を、弊社の下記 Web サイトでご
案内しておりますのでご確認ください。

https://www.jmam.co.jp/pub/additional/

②ご質問いただく方法について

①をご覧いただきましても解決しなかった場合に
は、お手数ですが弊社 Web サイトの「お問い合わ
せフォーム」をご利用ください。ご利用の際はメール
アドレスが必要となります。

https://www.jmam.co.jp/inquiry/form.php

なお、インターネットをご利用ではない場合は、郵便にて下記の宛先までお問い合わせ
ください。電話、FAX でのご質問はお受けしておりません。
〈住所〉　〒103-6009　東京都中央区日本橋 2-7-1　東京日本橋タワー 9F
〈宛先〉　㈱日本能率協会マネジメントセンター　出版事業本部　出版部

③回答について

回答は、ご質問いただいた方法によってご返事申し上げます。ご質問の内容によっては
弊社での検証や、さらに外部へお問い合わせすることがございますので、その場合には
お時間をいただきます。

④ご質問の内容について

おそれいりますが、本書の内容に無関係あるいは内容を超えた事柄、お尋ねの際に記
述箇所を特定されないもの、読者固有の環境に起因する問題などのご質問にはお答えでき
ません。資格・検定そのものや試験制度等に関する情報は、各運営団体へお問い合わせ
ください。
また、著者・出版社のいずれも、本書のご利用に対して何らかの保証をするものではなく、
本書をお使いの結果について責任を負いかねます。予めご了承ください。

はじめに

　高齢者や障がい者に対して住みやすい住環境を提案し、各種専門職をつなぐ福祉住環境コーディネーター。医療、福祉、建築について体系的で幅広い知識が求められますが、その資格取得のために受験する福祉住環境コーディネーター検定試験®（2級・3級）において、2022年度から検定試験形式が変わりました。指定の日曜日に会場で受験する筆記式が、数週間の試験期間中に受験者が時間帯を予約し、コンピュータ上で受験するIBT方式・CBT方式に移行したのです。

　あわせて、出題数や点数配分なども大きく変化しました。従来の3級・2級検定試験では3～4択問題、正誤の組み合わせを答えさせる問題、事例を基にした問題などが中心でしたが、移行後の試験は○×で答える正誤問題が新設され、かなりの割合を占めています。このため、選択肢の消去法やイメージで解ける設問が減り、より正確な知識が求められるようになりました。

　また、新方式では受験者によって試験日が異なるため、出題の情報共有ができないように、受験者ごとに異なる設問が提示される形となりました。この影響で新方式の過去問題は原則非公開となり、試験対策の定番である「過去問を解く」ことが難しくなっています。

　新方式への対応と過去問に代わる試験対策——私たち制作陣は、そのことを念頭に置き、オリジナル模擬問題集である本書を執筆・監修しました。『公式テキスト＜改訂6版＞』（東京商工会議所刊）の内容を参考に、設問の形式や出題数は2023年時点の出題形式に合わせて計4回分を作問し、幅広い出題に対応できるようにしました。解答用紙はダウンロードに対応しているので、問題部分に書き込まず、繰り返し学習できるようになっています。また、巻末には福祉住環境コーディネーターの重要用語をピックアップして解説した「まとめ」を用意しました。これらを使い、検定試験合格に向けて納得のいくまで学習してください。

　制作陣一同、本書で学習された皆様の合格を心より祈念いたしております。

2024年2月

谷川 博康

福祉住環境コーディネーター検定試験® 3級模擬問題集

目次

※本書の内容は『福祉住環境コーディネーター検定試験® 3級公式テキスト＜改訂6版＞ （東京商工会議所刊）』（以下「テキスト」）に準拠しています。

福祉住環境コーディネーター検定試験® 概要

　福祉住環境コーディネーター検定試験®の2級・3級は、IBT方式とCBT方式の2種類の受験方法があります。いずれもコンピュータ上での受験ですので、自身にとって受験しやすい方式を選びましょう。

【福祉住環境コーディネーター検定試験® 概要（一部抜粋・要約）】

受験方式	IBT	CBT
概要	受験者自身のパソコン・インターネット環境を利用した試験方式	各地のテストセンターに備え付けのパソコンで受験する試験方式
申込・試験期間	申込期間：約10日〜2週間（例年6月中旬〜／10月上旬〜） 試験期間：約3週間（例年7月下旬〜／11月中旬〜）	
試験開始時間	試験開始時間は申込先着順で①10:00〜11:45、②13:00〜15:45、③17:00〜19:00の間で、15分ごとに選択可能	試験開始時間は申込先着順で、10:00〜19:00の間で会場ごとに設定された時刻で選択可能
試験形式・時間	多肢選択式・90分 ※試験開始前に本人確認、受験環境の確認等を行ったうえで開始	
受験場所	自宅や会社等 ※必要な機材含め、受験者自身の手配と設定が必要	全国各地のテストセンター
受験料	2級：7,700円（税込） 3級：5,500円（税込）	2級：7,700円＋CBT利用料2,200円（税込） 3級：5,500円＋CBT利用料2,200円（税込）
受験資格	特になし ※2級からの受験や、2級・3級の併願受験も可能	
その他	障がい等により受験上の配慮が必要な場合、検定試験申込みの3営業日前までに要申請	

※東京商工会議所ホームページ（https://kentei.tokyo-cci.or.jp/fukushi/exam-info/）の2023年度公開情報を基に作成。

IBT 方式で受験する際の注意点

　テストセンターが受験環境を用意してくれる CBT 方式とは異なり、IBT 方式については受験者側で準備が必要です。本人確認の際や受験中に受験環境が適さないとみなされた場合、最悪失格という重い措置も取られるため、十分注意しましょう。

　以下、IBT 方式特有の準備について、東京商工会議所ホームページの公開情報 (https://kentei.tokyo-cci.or.jp/fukushi/exam-info/ibt.html) と、受験者の体験談からご説明します。なお、これらは 2023 年度時点の情報であり、今後の試験概要によっては変わる場合があります。受験する際は、上記の URL などから最新情報を確認するようにしましょう。

【受験に必要な機器】

①使用コンピュータ

　インターネットに接続されたパソコンが求められます。**タブレットやスマートフォンでの受験はできません。**パソコンのタイプはノートやデスクトップでも可能ですが、不正防止のために 2 台以上のディスプレイの使用などは認められません。

②インターネットブラウザ

　Google Chrome、Microsoft Edge でのみ受験可能です。Internet Explorer、Firefox、Safari での受験はできません。

③ネットワーク環境

　上り・下りともに 2 Mbps 以上の速度が必要です。この速度自体は 2000 年代のインターネット環境で達成できる速度のため、**よほど古い回線や機器でなければ問題ない**はずです。ただ、**Wi-Fi 無線などでは電波干渉によって不調になるケースがある**ので、受験場所を決めたら接続に問題ないかを事前に確認しましょう。

④音声・映像機器

　以下の内蔵・外付け機器を使い、カメラとマイク、スピーカー機能を準備します。これらは試験前の本人確認でのやり取り、試験官による受験状況の確認や呼びかけに使われます。

- ヘッドセットの一部ではないコンピュータの内部カメラまたは web カメラ
- ヘッドセットの一部ではないコンピュータの内部または外部のカメラ
- コンピュータの内部または外部のスピーカー

　タブレットやスマートフォンをこれらの代用とすることはできず、またヘッドセット・イヤホンといった、耳をふさぐタイプの機器も禁止されています。

なお、**カメラについては試験前、周辺 360°を映して受験環境を確認することが求められる**ため、外付けであれば取り回し、ノートパソコン内蔵であればパソコンごと回して映すことになります。その点も考慮して機器を準備しましょう。

⑤操作端末

　マウスまたはコンピュータに付属しているタッチパッドを使います。試験自体はポインタを動かしてクリックだけで進められます。

　なお、準備した受験環境に問題がないかについては、**受験案内ページに「受験環境をチェック」へのリンクがあり**ますので、こちらから確認が可能です。

①使用機器と受験環境の確認

お申込み前にご使用の機器や受験環境を必ず確認してください。

✓　受験環境をチェック　　　　　▣

【受験環境について】

①他人の干渉しない環境を確保

　試験開始前の試験官を待つときから試験終了までの間、**カメラに他人が映り込まない、かつ、マイクに他人の声が入らないような空間を確保する必要があります。**学生が自宅で受験中、親が部屋に入ってきてしまったことにより失格となった事例もあります。事前に家族に説明する、コワーキングスペースを利用するなどしてリスクを下げましょう。

②外付けの使用機器はすべて机の上に設置
③所定の持ち物や受験上の配慮申請で使用が許可されたもの以外を周辺に置かない

　これらも不正利用の疑いを避けるための措置になります。なお、小物ではなく**タンスや冷蔵庫などの家財については撤去不要**です。

④受験環境を十分明るくできるように適切な照明を点灯
⑤他者のプライバシーを侵害する可能性があるものの録画・録音を避ける

　設置したカメラやマイクを通じて、**試験前の本人確認や受験の様子は録画・録音されています。**そのため、家財であっても名前が書かれているものなど**他人の個人情報が判ってしまうものについては避けなくてはなりません。**これに合わせ、**公園やレストランなどの公共スペースでの受験も禁止**されています。

　なお、緊急地震速報やサイレンなどが試験中に鳴り響いて音が入ってしまい、試験官とのやり取りが発生した場合については、試験官の指示に従ってください。

模擬試験解答用紙

大問1 第1章 二択問題（各1点）

問	解答
1	
2	
3	
4	
5	
6	
7	
8	
9	
10	
11	

大問2 第2章 二択問題（各1点）

問	解答
1	
2	
3	
4	
5	
6	
7	

大問3 第3章 二択問題（各1点）

問	解答
1	
2	
3	
4	
5	
6	
7	
8	
10	
11	
12	
計	点

大問4 第4章 二択問題（各1点）

問	解答
1	
2	
3	
4	
5	
6	
7	
8	
9	
10	
11	
12	
13	
14	
15	
16	

大問5 第5章 二択問題（各1点）

問	解答
1	
2	
3	
4	
5	
6	
7	
8	
9	
計	点

大問6 四択問題1（各3点）

問	解答
1	
2	
3	
4	
5	
6	
7	
8	

大問7 四択問題2（各3点）

問	解答
1	
2	
3	
4	
5	
6	
7	
計	点

合計 点

※実際の試験はコンピュータ試験で行われるため、解答用紙はありません。あくまで本書学習用になります。

こちらの回答用紙をコピーして各模擬試験にご利用ください。
また、解答用紙は以下のアクセス先からダウンロードできます。
https://www.jmam.co.jp/pub/9202.html

第 1 回

模擬試験

1 回目 （　　／　　）

大問 1	大問 2	大問 3	大問 4	大問 5	大問 6	大問 7	合計
／ 11	／ 7	／ 12	／ 16	／ 9	／ 24	／ 21	／ 100

2 回目 （　　／　　）

大問 1	大問 2	大問 3	大問 4	大問 5	大問 6	大問 7	合計
／ 11	／ 7	／ 12	／ 16	／ 9	／ 24	／ 21	／ 100

第1問　次の事項の内容が正しい場合は〇、誤っている場合は✕を選びな
さい。

　　高齢者とは60歳以上の人のことを指し、2021（令和3）年
12月1日の概算値では日本の高齢者人口は過去最高の3,624万
人で、全体の約28.9%を占めている。
◎　〇
◎　✕

第2問　次の事項の内容が正しい場合は〇、誤っている場合は✕を選びな
さい。

　　2017（平成29）年推計の「日本の将来推計人口」によると、
わが国における60歳以上の高齢者率は、2055（令和37）年に
は38.4%に達すると見込まれている。
◎　〇
◎　✕

第3問　次の事項の内容が正しい場合は〇、誤っている場合は✕を選びな
さい。

　　1人の女性が一生に産む子どもの数を示す数値を合計特殊出生
率といい、わが国ではその低下に歯止めがかからない状況が続い
ている。
◎　〇
◎　✕

第4問 次の事項の内容が正しい場合は○、誤っている場合は×を選びなさい。

　2019（令和元）年の「国民生活基礎調査」によれば、65歳以上の高齢者がいる世帯は2019（令和元）年時点で2,558万4千世帯を数え、全世帯の30％を占めている。
◎　○
◎　×

第5問 次の事項の内容が正しい場合は○、誤っている場合は×を選びなさい。

　2012（平成24）年の高齢社会対策大綱では、基本的な考え方の一つとして、「高齢者の捉え方の意識改革」を掲げている。
◎　○
◎　×

第6問 次の事項の内容が正しい場合は○、誤っている場合は×を選びなさい。

　2018（平成30）年の高齢社会対策大綱では、「就業・所得」「健康・福祉」「学習・社会参加」「生活環境」など6つの分野において、施策の指針を示している。
◎　○
◎　×

第7問　次の事項の内容が正しい場合は○、誤っている場合は×を選びな
さい。

　　2018（平成30）年の高齢社会対策大綱では、その施策の一つ
である「生活環境」のなかで「豊かで安定した住生活の確保」を
掲げているが、その具体的な指針までは示されていない。

◎　○

◎　×

第8問　次の事項の内容が正しい場合は○、誤っている場合は×を選びな
さい。

　　2020（令和2）年に閣議決定された少子化社会対策大綱では、
「希望出生率1.5」の実現に向け、令和の時代にふさわしい環境
を整備するとしている。

◎　○

◎　×

第9問　次の事項の内容が正しい場合は○、誤っている場合は×を選びな
さい。

　　2020（令和2）年に閣議決定された少子化社会対策大綱では、
子育てしやすい住宅の整備を推進するために、「良質なファミリー
向け賃貸住宅の供給促進」などを掲げている。

◎　○

◎　×

第10問　次の事項の内容が正しい場合は○、誤っている場合は×を選びな
　　　　さい。

　　　　　従来型の日本の住宅は、柔らかい畳があり、木のぬくもりが伝
　　　　わりやすいなど、高齢者にとっても快適な住環境といえる。
　　　　◎　○
　　　　◎　×

第11問　次の事項の内容が正しい場合は○、誤っている場合は×を選びな
　　　　さい。

　　　　　厚生労働省の「令和2年 人口動態統計」によると、住宅内で
　　　　発生する「家庭内事故」により年間約1万2千人の高齢者が死亡
　　　　し、なかでも住宅内での「転倒・転落・墜落」による死亡が最も
　　　　多くなっている。
　　　　◎　○
　　　　◎　×

第1問　次の事項の内容が正しい場合は〇、誤っている場合は×を選びなさい。

　　高齢になると若いときのような動きをするのは困難であり、慢性の病気にかかりやすくなって、高齢者の大半が自立生活に支障をきたすようになる。

　◎　〇

　◎　×

第2問　次の事項の内容が正しい場合は〇、誤っている場合は×を選びなさい。

　　高齢になっても、環境整備や生活、健康管理のしかたによっては心身の若々しさを維持し、死の直前まで自立した生活がおくれる可能性がある。

　◎　〇

　◎　×

第3問　次の事項の内容が正しい場合は〇、誤っている場合は×を選びなさい。

　　元気な高齢者であっても、車のブレーキ操作など動作にかかわる「動作性能力」と同様に、物事の判断や概念の操作などにかかわる「言語性能力」も加齢とともに徐々に下降していく。

　◎　〇

　◎　×

第4問 次の事項の内容が正しい場合は○、誤っている場合は×を選びなさい。

　世界保健機関（WHO）が掲げる「死亡率」「罹病率」「生活機能」の3つの健康指標のうち、高齢期の健康基準で最も大切なのは「生活機能」である。

◎ ○

◎ ×

第5問 次の事項の内容が正しい場合は○、誤っている場合は×を選びなさい。

　高齢者の自立を支えるのは健康であり、健康を維持するうえでも食事の充実は欠かせない。

◎ ○

◎ ×

第6問 次の事項の内容が正しい場合は○、誤っている場合は×を選びなさい。

　高齢者の食事では、食塩の制限を徹底する必要がある。

◎ ○

◎ ×

第7問　次の事項の内容が正しい場合は○、誤っている場合は×を選びなさい。

　　認知症は高齢者に多く発生することから、加齢が発症要因の一つと考えられ、老化自体を遅らせることが認知症予防にもつながるといえる。

◎　○

◎　×

第1問　次の事項の内容が正しい場合は○、誤っている場合は×を選びなさい。

　　バリアフリーが世界的に広まるきっかけになったのは、日本が発表した1995（平成7）年版の障害者白書（副題:「バリアフリー社会をめざして」）だといわれている。

◎　○

◎　×

第2問　次の事項の内容が正しい場合は○、誤っている場合は×を選びなさい。

　　1974（昭和49）年に出された国際連合障害者生活環境専門家会議報告書「Barrier Free Design」では、「ミスター・アベレージ」という想定上の人物に合わせて建築物などを整備してきたことの弊害を指摘している。

◎　○

◎　×

第3問　次の事項の内容が正しい場合は○、誤っている場合は×を選びなさい。

　　障害者の社会参加を妨げる要因として、1974（昭和49）年の「Barrier Free Design」は、交通機関や建築物などの物理的な障壁とともに、障害者に対する人々の意識といった社会的障壁も指摘している。

◎　○

◎　×

第4問　次の事項の内容が正しい場合は○、誤っている場合は×を選びなさい。

　　公共施設や公共交通機関を利用すること、働くこと、教育を受けること、文化やスポーツ等に接し楽しむこと、住宅を選ぶことは、障害のない人のみに保障される権利である。
◎　○
◎　×

第5問　次の事項の内容が正しい場合は○、誤っている場合は×を選びなさい。

　　日本の1995（平成7）年版の障害者白書では、生活環境にある障壁として、物理的バリア、制度的バリア、文化・情報面のバリア、意識上のバリアの4点を指摘している
◎　○
◎　×

第6問　次の事項の内容が正しい場合は○、誤っている場合は×を選びなさい。

　　ユニバーサルデザインの名称は1985（昭和60）年、国際連合により提唱され世界に普及した。
◎　○
◎　×

第7問　次の事項の内容が正しい場合は○、誤っている場合は×を選びな
さい。

　　　「だれにでも使用でき、入手できること」は、ユニバーサルデ
ザインの7原則の一つである。
◎　○
◎　×

第8問　次の事項の内容が正しい場合は○、誤っている場合は×を選びな
さい。

　　　ハートビル法は障害者への差別を禁止し、社会参加の促進や環
境整備を図ることを目的に、1990（平成2）年に制定されたア
メリカの法律である。
◎　○
◎　×

第9問　次の事項の内容が正しい場合は○、誤っている場合は×を選びな
さい。

　　　日本で2006（平成18）年に制定・施行されたバリアフリー法
の正式名称は、「高齢者、身体障害者等の公共交通機関を利用し
た移動の円滑化の促進に関する法律」である。
◎　○
◎　×

第10問　次の事項の内容が正しい場合は〇、誤っている場合は×を選びなさい。

　　共用品は、「身体的な特性や障害にかかわりなく、より多くの人々が共に利用しやすい製品・施設・サービス」と定義されている。

◎　〇

◎　×

第11問　次の事項の内容が正しい場合は〇、誤っている場合は×を選びなさい。

　　共用品の国際的な基本規格である「ISO/IECガイド71」は、日本産業標準調査会（JISC）の提案をきっかけに制定された。

◎　〇

◎　×

第12問　次の事項の内容が正しい場合は〇、誤っている場合は×を選びなさい。

　　福祉用具は、高齢者や障害者の低下した身体機能を補うことのみに特化した道具である。

◎　〇

◎　×

第1問　次の事項の内容が正しい場合は○、誤っている場合は×を選びなさい。

　　高齢者はわずかな段差でも転倒してしまう怖れがあり、住環境における段差の解消は安全な生活への第一歩といえる。
◎　○
◎　×

第2問　次の事項の内容が正しい場合は○、誤っている場合は×を選びなさい。

　　車椅子など車輪の付いた福祉用具を使用するとき、段差があると乗り心地が悪くなるだけでなく、移動そのものが困難になることも少なくない。
◎　○
◎　×

第3問　次の事項の内容が正しい場合は○、誤っている場合は×を選びなさい。

　　道路から玄関までの段差解消のためスロープを設置するとき、その勾配は少なくとも1/8（水平距離8mで高低差1m）は確保するようにする。
◎　○
◎　×

第4問　次の事項の内容が正しい場合は○、誤っている場合は×を選びなさい。

　一般的に、和室の床面は洋室の床面よりも10〜40mm程度高くなっており、その段差を解消するための最も簡便な改修方法はミニスロープの設置である。

◎　○

◎　×

第5問　次の事項の内容が正しい場合は○、誤っている場合は×を選びなさい。

　床面と引き戸の下枠（敷居）との段差を解消するには、床面（床板）にミニスロープを設置するか、Ｖ溝レールを埋め込む方法がとられる。

◎　○

◎　×

第6問　次の事項の内容が正しい場合は○、誤っている場合は×を選びなさい。

　ハンドレールは、玄関やトイレなどでの移乗動作や立ち座り動作のときに使う手すりで、しっかりつかまって使用する。

◎　○

◎　×

第7問　次の事項の内容が正しい場合は○、誤っている場合は×を選びな
　　　　さい。

　　　　　屋内に手すりを設置するときは、柱と柱の間にある間柱に木ネ
　　　　ジで留めるようにする。

　　　　◎　○

　　　　◎　×

第8問　次の事項の内容が正しい場合は○、誤っている場合は×を選びな
　　　　さい。

　　　　　住宅でよく見られる建具のうち、片開き戸では開閉時のからだ
　　　　の前後移動が大きくなる。

　　　　◎　○

　　　　◎　×

第9問　次の事項の内容が正しい場合は○、誤っている場合は×を選びな
　　　　さい。

　　　　　住宅内で介助用車椅子やシャワー用車椅子を使用する場合は、
　　　　幅広の建具を用いて、実際に通行できる有効寸法を700mm以上
　　　　確保する。

　　　　◎　○

　　　　◎　×

第10問　次の事項の内容が正しい場合は○、誤っている場合は×を選びな
さい。

　　介助や移動のスペース確保のために住居内の壁や柱を取り外し
たいときは、事前に設計者や施工者にも家屋の図面を見てもらい、
取り外しが可能かどうかよく確認してから改修方針を決める。

◎　○

◎　×

第11問　次の事項の内容が正しい場合は○、誤っている場合は×を選びな
さい。

　　からだの動きなどを考慮して、収納扉は開き戸にするのが原則
である。

◎　○

◎　×

第12問　次の事項の内容が正しい場合は○、誤っている場合は×を選びな
さい。

　　住居内の照明は、高齢者の視機能低下を考慮したうえで計画を
立てる必要がある。

◎　○

◎　×

第13問　次の事項の内容が正しい場合は○、誤っている場合は×を選びなさい。

　居間からトイレなど、暖かい部屋から寒い部屋へ急に移動したときに起こる血圧の急変や脈拍の変化といったからだに与える影響をヒートショックという。

◎　○

◎　×

第14問　次の事項の内容が正しい場合は○、誤っている場合は×を選びなさい。

　玄関の上がりがまち段差を小さく分割するために踏台を置くときは、階段1段分を目安に、進行方向から見て幅・奥行きとも500mm以上とする。

◎　○

◎　×

第15問　次の事項の内容が正しい場合は○、誤っている場合は×を選びなさい。

　トイレでの排泄介助が必要な場合、便器側方および後方に500mm以上の介助スペースを確保する。

◎　○

◎　×

第16問　次の事項の内容が正しい場合は○、誤っている場合は×を選びな
さい。

　　　１〜４歳の子どもでは、転倒・転落・溺水などの家庭内事故が
死亡原因の上位を占めている。
◎　○
◎　×

第1問　次の事項の内容が正しい場合は○、誤っている場合は×を選びな
さい。

　　　隣居は、親世代と子世代が同じ敷地や隣接する敷地に住宅を建
てるもので、同居に近いライフスタイルになる。
◎　○
◎　×

第2問　次の事項の内容が正しい場合は○、誤っている場合は×を選びな
さい。

　　　公営住宅では、高齢者や身体障害者の単身入居が認められてい
るが、知的障害者や精神障害者の単身入居は認められていない。
◎　○
◎　×

第3問　次の事項の内容が正しい場合は○、誤っている場合は×を選びな
さい。

　　　優良な高齢者向け賃貸住宅の確保を主たる目的とする「住宅の
品質確保の促進等に関する法律（住宅品確法）」は、2001（平成
13）年に制定された。
◎　○
◎　×

第4問　次の事項の内容が正しい場合は○、誤っている場合は×を選びなさい。

　　わが国の住宅のバリアフリー化は、2001（平成13）年に策定された「高齢者が居住する住宅の設計に係る指針」を基本に進められている。

◎　○

◎　×

第5問　次の事項の内容が正しい場合は○、誤っている場合は×を選びなさい。

　　都市再生機構（UR都市機構）の賃貸住宅では新設住宅を含めて、住棟アプローチの確保や床段差の解消などの高齢者対応仕様が標準化されていない。

◎　○

◎　×

第6問　次の事項の内容が正しい場合は○、誤っている場合は×を選びなさい。

　　住宅改修の相談に応じたり、助言を行う専門職種のうち、増改築相談員は公益財団法人住宅リフォーム・紛争処理センターの実施する検定試験の合格者である。

◎　○

◎　×

第7問　次の事項の内容が正しい場合は○、誤っている場合は×を選びな
　　　　さい。

　　　　2006（平成18）年に制定された「住生活基本法」により、日
　　　本の住宅政策は従前の量を増やす政策から、豊かな住生活の実現
　　　を正面に据えた政策へと大転換した。
　　　◎　○
　　　◎　×

第8問　次の事項の内容が正しい場合は○、誤っている場合は×を選びな
　　　　さい。

　　　　住生活基本法に基づき策定される「住生活基本計画」には、全
　　　国計画と都道府県計画があり、全国計画はおおむね4年ごとに見
　　　直される。
　　　◎　○
　　　◎　×

第9問　次の事項の内容が正しい場合は○、誤っている場合は×を選びな
　　　　さい。

　　　　都市計画の指針となる「都市計画マスタープラン」は、住民に
　　　最も近い立場にある市町村が住民の意向を反映させて策定する。
　　　◎　○
　　　◎　×

第1問　高齢化に関する次の①〜④の記述の中で、その内容が最も不適切なものを1つ選びなさい。

◎　①　総務省統計局の「人口推計」によると、わが国の総人口は2021（令和3）年12月1日時点で1億2,547万人となり、前年同月よりも約62万人減少した。

◎　②　2017（平成29）年推計の「日本の将来推計人口」によれば、高齢者人口は今後、団塊の世代が前期高齢者になる2025（令和7）年に向かって激増することが予測されている。

◎　③　わが国の高齢化率は1980年代までは先進諸国の中でも下位にあったが、その後の30年間ほどで一気に最も高い水準に達した。

◎　④　2019（令和元）年の「国民生活基礎調査」によると、通院している高齢者の割合は1,000人当たり689.6人に達している。

第2問　高齢者の生活実態に関する次の①〜④の記述の中で、その内容が最も不適切なものを1つ選びなさい。

◎　①　2020（令和2）年時点での日本人の平均寿命は、男性が81.64歳、女性が87.74歳である。

◎　②　2019（令和元）年時点で、わが国の65歳以上の高齢者がいる世帯は全世帯の49.4％を占め、そのなかでも一人暮らしの「単独世帯」が最も多い。

◎　③　日本の65歳以上の労働力人口は、2020（令和2）年時点で労働力人口総数の13.4％を占めている。

◎　④　2019（令和元）年の「第15回中高年者縦断調査」によれば、65〜69歳になっても仕事をしたい人は56.4％に達している。

第3問　わが国の高齢者への施策に関する次の①〜④の記述の中で、その内容が最も不適切なものを1つ選びなさい。

◎　①　日本の高齢社会対策は、1995（平成7）年に制定された「高齢社会対策基本法」に基づいて行われている。

◎　②　高齢社会対策基本法制定後に公表された「高齢社会対策大綱」は、基本的かつ総合的な高齢社会対策の指針を定めたものである。

◎　③　高齢社会対策大綱は、三度の見直しを経たのち、2020（令和2）年以降はおおむね5年を目途に、必要に応じて見直しが行われることになった。

◎　④　2018（平成30）年公表の新たな高齢社会対策大綱では、その基本的な考え方の一つとして、年齢による画一化の見直しを掲げている。

第4問　わが国の少子化対策に関する次の①〜④の記述の中で、その内容が最も不適切なものを1つ選びなさい。

◎　①　日本で「少子化」が問題化するきっかけになったのは、1.57を記録した1989（平成元）年の合計特殊出生率である。

◎　②　少子化対策としての最初の具体的な計画は、1994（平成6）年に制定された通称「エンゼルプラン」である。

◎　③　2003（平成15）年には「少子化社会対策基本法」が成立し、これに基づき翌2004（平成16）年に「少子化社会対策大綱」が策定された。

◎　④　2020（令和2）年に閣議決定された「少子化社会対策大綱」は、令和の時代にふさわしい少子化対策として「希望出産率1.6」の実現を掲げた。

第5問　在宅介護者を支える専門職に関する次の①〜④の記述の中で、その内容が最も不適切なものを1つ選びなさい。

◎　①　社会福祉士（ソーシャルワーカー）は福祉に関する相談を受け、助言・援助を行う。

◎　②　介護福祉士は入浴、排泄、食事、着替えの介助など介護全般や、それにかかわる指導を行う。

◎　③　介護支援専門員（ケアマネジャー）は、介護福祉士から相談を受けて、その助言や援助を行う。

◎　④　福祉用具専門相談員は、福祉用具の適切な選び方や使い方などを助言する。

第6問　高齢者の運動での注意点に関する次の①〜④の記述の中で、その内容が最も適切なものを1つ選びなさい。

◎　①　高齢者は静止の状態から急に運動を始めると、体内の機能が急激な変化に耐えられないので、準備運動も軽めに行う。

◎　②　食後1時間以内の運動は避けるようにする。

◎　③　高齢者は汗をかくと脱水を起こしやすいので、水分補給を忘れないようにする。

◎　④　高血圧や糖尿病などの持病がある人の運動は、全面的に禁止する。

第7問　障害に関する次の①～④の記述の中で、その内容が最も適切なものを1つ選びなさい。

◎ ①　外傷や疾患などで脊髄が傷付き、四肢（両上肢と両下肢）や体幹が麻痺する状態のことを対麻痺という。

◎ ②　身体の片方（右半身か左半身）の上肢と下肢が麻痺する片麻痺は、アルツハイマー型認知症の発症が原因となる。

◎ ③　知的障害者は、知能検査で確かめられる知的機能の障害があり、日常生活で明らかな適応機能の障害がある人のことで、その障害はおおむね30歳までに生じる。

◎ ④　「障害者総合支援法」は、一定の難病により障害がある人も「障害者」の対象としている。

第8問　共用品に関する次の①～④の記述の中で、その内容が最も適切なものを1つ選びなさい。

◎ ①　共用品は「一般化された福祉目的の設計製品」と「共用設計製品」の2種類に大別できる。

◎ ②　温水洗浄便座と電動歯ブラシは、ともに「共用設計製品」の具体例である。

◎ ③　シャンプー容器の側面にはギザギザがあり、ここを触ることで側面に何もないリンス容器と識別できる。

◎ ④　スイッチ操作の間違いを防ぐために、家電製品や玩具などにはスイッチのOFF側に小さな凸がある。

第1問　少子高齢化に関する次のア〜エの記述について、適切なものを○、不適切なものを×としたとき、正しい組み合わせを①〜④から1つ選びなさい。

　　ア　高齢化が進んでいくと、年金や医療、社会福祉や生活保護、雇用制度などの社会保障給付金が増大し、その負担が生産年齢人口に重くのしかかってくる怖れがある。

　　イ　2010（平成22）年の時点で、日常生活自立度Ⅱ以上の認知症高齢者は150万人と推計され、そのおよそ半数が病院で生活している。

　　ウ　将来的な生産年齢人口の減少など、少子化の進行は個人・地域・企業・国に至るまで多大な影響をもたらす。

　　エ　近年、高齢者福祉で強調されるエイジング・イン・プレイス（Aging in Place）の理念は、高齢者にとって住みやすい場所を新たにつくりだし、そこに移り住むことで安全で安心な老後生活を過ごそうという考え方である。

　　◎　①　ア○　イ×　ウ○　エ×
　　◎　②　ア×　イ○　ウ○　エ×
　　◎　③　ア×　イ○　ウ×　エ○
　　◎　④　ア○　イ×　ウ×　エ○

第2問　日本の介護保険制度に関する次のア〜エの記述について、適切なものを○、不適切なものを×としたとき、正しい組み合わせを①〜④から1つ選びなさい。

　　ア　介護保険制度は、高齢者の介護を社会全体で支えるしくみとして、1999（平成11）年4月に始まった。

　　イ　介護保険制度では、利用者みずからサービスの種類や事業者を選択できる。

　　ウ　介護保険制度のサービスを利用するためには、市町村による

要介護認定を受ける必要がある。

エ　要介護度は、市町村の依頼により申請者のかかりつけ医など
　　が作成した「主治医意見書」と、全国一律の「認定調査票」に
　　より市町村の調査員が本人や家族に行った聞き取り調査の内容
　　を総合して判定する。

◎　①　ア○　イ×　ウ○　エ×
◎　②　ア×　イ○　ウ○　エ×
◎　③　ア×　イ○　ウ×　エ○
◎　④　ア○　イ×　ウ×　エ○

第3問　日本でのバリアフリーやユニバーサルデザインに関する次のア〜
　　　エの記述について、適切なものを○、不適切なものを×としたと
　　　き、正しい組み合わせを①〜④から1つ選びなさい。

ア　宮城県仙台市では、車椅子使用者の「まちへ出たい」という
　　声を受け、1969（昭和44）年に「福祉のまちづくり」がスター
　　トした。

イ　全国初のユニバーサルデザイン条例である静岡県浜松市の
　　「浜松市ユニバーサルデザイン条例」は、2002（平成14）年
　　4月に施行された。

ウ　2005（平成17）年4月には、京都府京都市の「京都市ユニバー
　　サルデザイン推進条例」が施行された。

エ　2005（平成17）年7月には、国土交通省が「ユニバーサル
　　デザイン政策大綱」を発表した。

◎　①　ア○　イ×　ウ×　エ○
◎　②　ア○　イ○　ウ×　エ×
◎　③　ア×　イ×　ウ○　エ○
◎　④　ア×　イ○　ウ○　エ×

第4問　福祉用具に関する次のア〜エの記述について、適切なものを〇、不適切なものを×としたとき、正しい組み合わせを①〜④から1つ選びなさい。

　ア　福祉用具は「介護機器」や「自立機器」など、その使用目的や用具の機能などによって分類されている。

　イ　「介護機器」としての車椅子であっても、その仕様は「自立機器」としての車椅子とまったく同じである。

　ウ　福祉用具を導入するときは、用具の機能やコストなどを十分に理解したうえで、使用者の心身の状況や家族の介護力、用具を使う生活環境などを把握し、それに合ったものを選択する。

　エ　福祉用具は、介護保険の給付対象としては認められていない。

　◎　①　ア〇　イ×　ウ〇　エ×

　◎　②　ア×　イ〇　ウ〇　エ×

　◎　③　ア〇　イ×　ウ×　エ〇

　◎　④　ア×　イ〇　ウ×　エ〇

第5問　つえに関する次のア〜エの記述について、適切なものを〇、不適切なものを×としたとき、正しい組み合わせを①〜④から1つ選びなさい。

　ア　握りがC字型になっているC字型（彎曲型）つえはステッキとも呼ばれ、体重をかけやすく安定性が高い。

　イ　握りがT字型になっているT字型つえは、C字型（彎曲型）つえよりも体重をかけやすい。

　ウ　つま先が3〜5脚に分かれている多脚つえ（多点つえ）は、十分に体重をかけることができるが、接地面が平らでないと安定しない。

　エ　ロフストランド・クラッチは前腕固定型つえ、あるいはエルボークラッチとも呼ばれ、前腕を支持するためのカフがあるの

が特徴的で、握り部がない。

◎ ① ア○ イ× ウ○ エ×

◎ ② ア× イ○ ウ○ エ×

◎ ③ ア○ イ× ウ× エ○

◎ ④ ア× イ○ ウ× エ○

第6問 入浴と浴室に関する次のア～エの記述について、適切なものを○、不適切なものを×としたとき、正しい組み合わせを①～④から1つ選びなさい。

ア 浴室と脱衣室との床面の段差が大きいので、浴室への移動に困難を伴うことがある。

イ 室内で入浴介助ができるように、浴室は内法寸法で間口・奥行きとも1,400mmは確保しておく。

ウ 国の定める浴室出入口の段差は20mm以下だが、車椅子の使用なども考慮すると、浴室出入り口の段差は7mm以下に抑えることが望ましい。

エ 浴室出入り口の段差を解消する最も簡便な方法は、洗い場にすのこを敷き詰めることである。

◎ ① ア○ イ× ウ× エ○

◎ ② ア× イ○ ウ× エ○

◎ ③ ア× イ○ ウ× エ×

◎ ④ ア○ イ× ウ○ エ×

第7問　セーフコミュニティに関する次のア～エの記述について、適切な
　　　　ものを〇、不適切なものを×としたとき、正しい組み合わせを①
　　　　～④から1つ選びなさい。

　　　ア　セーフコミュニティとは、国の指示により、地域の住民・行
　　　　　政・団体・組織などが協力して、安心して暮らせる安全なまち
　　　　　づくりに取り組む活動のことである。
　　　イ　セーフコミュニティは、1970年代にフランスの地方都市で
　　　　　始まった、事故予防のためのまちづくり活動が体系化されたも
　　　　　のである。
　　　ウ　セーフコミュニティによるまちづくりは、「WHOセーフコ
　　　　　ミュニティ協同センター（WHO CSP協同センター）」によっ
　　　　　て世界的に推進されている。
　　　エ　京都府亀岡市は日本初の「セーフティコミュニティ」として、
　　　　　2008（平成20）年にWHOの認証を受けた。
　　◎　①　ア〇　イ×　ウ×　エ〇
　　◎　②　ア〇　イ〇　ウ×　エ×
　　◎　③　ア×　イ×　ウ〇　エ〇
　　◎　④　ア×　イ〇　ウ〇　エ×

第 **2** 回

模擬試験

1回目（　／　　）

大問1	大問2	大問3	大問4	大問5	大問6	大問7	合計
／11	／7	／12	／16	／9	／24	／21	／100

2回目（　／　　）

大問1	大問2	大問3	大問4	大問5	大問6	大問7	合計
／11	／7	／12	／16	／9	／24	／21	／100

第1問　次の事項の内容が正しい場合は○、誤っている場合は×を選びなさい。

　　日本の高齢者人口は、団塊の世代が後期高齢者となる2030（令和12）年に向かい激増すると予測されている。

◎　○

◎　×

第2問　次の事項の内容が正しい場合は○、誤っている場合は×を選びなさい。

　　2017（平成29）年推計の「日本の将来推計人口」によると、わが国における65歳以上の高齢者率は、2065（令和47）年には38.4％に達すると見込まれている。

◎　○

◎　×

第3問　次の事項の内容が正しい場合は○、誤っている場合は×を選びなさい。

　　高齢者人口の増加と年少人口の減少が同時に進んでいる現象を、超高齢化という。

◎　○

◎　×

第4問 次の事項の内容が正しい場合は○、誤っている場合は×を選びなさい。

　高齢者人口の増加とともに年少人口や生産年齢人口の減少が続く社会では、増大する社会保障費にどう対応していくのかが大きな課題の一つといえる。

◎ ○

◎ ×

第5問 次の事項の内容が正しい場合は○、誤っている場合は×を選びなさい。

　日本では65歳以上の高齢者がいる世帯のうち、一人暮らしの単独世帯が最も多い。

◎ ○

◎ ×

第6問 次の事項の内容が正しい場合は○、誤っている場合は×を選びなさい。

　日本の高齢社会対策の基本理念は、1995（平成7）年に制定された「高齢社会対策基本法」で定められ、これに基づき翌年に「高齢者が居住する住宅の設計に係る指針」が公表された。

◎ ○

◎ ×

第7問　次の事項の内容が正しい場合は○、誤っている場合は×を選びなさい。

「高齢社会対策大綱」は2012（平成24）年の改定後、おおむね3年を目途に必要に応じて見直すと明記された。

◎　○

◎　×

第8問　次の事項の内容が正しい場合は○、誤っている場合は×を選びなさい。

2007（平成19）年に制定された「住宅セーフティネット法」の正式名称は、「高齢者等に対する賃貸住宅の供給の促進に関する法律」である。

◎　○

◎　×

第9問　次の事項の内容が正しい場合は○、誤っている場合は×を選びなさい。

わが国で最初に策定された少子化対策の具体的な計画は、1994（平成6）年に公表された「少子化対策プラスワン」である。

◎　○

◎　×

第10問　次の事項の内容が正しい場合は○、誤っている場合は×を選びな
さい。

　　　「地域包括ケアシステム」では、「高齢者が住み慣れた地域」の
範囲を、おおむね30分以内に必要なサービスが提供される日常
生活圏域（具体的には中学校の校区）を単位として想定している。
◎　○
◎　×

第11問　次の事項の内容が正しい場合は○、誤っている場合は×を選びな
さい。

　　　障害があっても、一般市民と同じ生活と権利が保障されなけれ
ばならないとする理念を「ノーマライゼーション（Normalization）」
という。
◎　○
◎　×

第1問　次の事項の内容が正しい場合は○、誤っている場合は×を選びな
さい。

　　老年学では当初から、健康を害して入院生活をおくる高齢者を
対象にした研究が行われ、今日に至っている。
◎　○
◎　×

第2問　次の事項の内容が正しい場合は○、誤っている場合は×を選びな
さい。

　　元気な高齢者を対象にした日本の追跡調査によれば、物事の判
断や概念の操作などにかかわる「言語性能力」は70代や80代に
なっても低下することはない。
◎　○
◎　×

第3問　次の事項の内容が正しい場合は○、誤っている場合は×を選びな
さい。

　　加齢とともに苦味に対して鈍くなっていくことは、必ずしも食
物を味わう能力の低下にはつながらない。
◎　○
◎　×

第4問　次の事項の内容が正しい場合は○、誤っている場合は×を選びなさい。

　　　一般的に、高齢者の身体的な自立度を判断する基準として用いられているのはQOL（Quality of Life）である。

◎　○

◎　×

第5問　次の事項の内容が正しい場合は○、誤っている場合は×を選びなさい。

　　　高齢者人口の増加は介護や支援が必要な高齢者が増えることにつながり、高齢者による社会貢献は期待できない。

◎　○

◎　×

第6問　次の事項の内容が正しい場合は○、誤っている場合は×を選びなさい。

　　　WHO（世界保健機関）が1986（昭和61）年のオタワ憲章で提示した「ヘルスプロモーション（Health Promotion）」の概念は、現在の健康状態を維持するためのプロセスと定義されている。

◎　○

◎　×

第7問　次の事項の内容が正しい場合は○、誤っている場合は×を選びな
さい。

　「ヘルスプロモーション」の理念に従って健康増進や介護予防
を行うときのポイントは、「食生活と栄養」「生涯体育」「生涯学習」
「口腔機能の改善」の4点である。
　◎　○
　◎　×

第1問　次の事項の内容が正しい場合は○、誤っている場合は×を選びなさい。

　「バリアフリー」の概念が世界的に広がるきっかけになったのは、1948（昭和23）年に国際連合の総会で採択された「世界人権宣言」だといわれる。

◎　○

◎　×

第2問　次の事項の内容が正しい場合は○、誤っている場合は×を選びなさい。

　日本の「平成7年版障害者白書」は、障害者の社会参加を阻む障壁として、「物理的」「制度的」「文化・情報面」「環境面」の4つのバリアを指摘している。

◎　○

◎　×

第3問　次の事項の内容が正しい場合は○、誤っている場合は×を選びなさい。

　車椅子利用者の声を受け、1969（昭和44）年に宮城県仙台市で始まった「福祉のまちづくり」への動きが、日本初のバリアフリーの取り組みとされる。

◎　○

◎　×

第 4 問　次の事項の内容が正しい場合は〇、誤っている場合は×を選びなさい。

　　アメリカで1990（平成 2 ）年に成立したADA（障害をもつアメリカ人法）は、日本各地の「福祉のまちづくり」の動きにはあまり影響しなかった。

◎　〇

◎　×

第 5 問　次の事項の内容が正しい場合は〇、誤っている場合は×を選びなさい。

　　日本で2006（平成18）年に制定された「高齢者、身体障害者等の公共交通機関を利用した移動の円滑化の促進に関する法律」は通称「交通バリアフリー法」であり、かつての「ハートビル法」と「バリアフリー法」を合体させた法律である。

◎　〇

◎　×

第 6 問　次の事項の内容が正しい場合は〇、誤っている場合は×を選びなさい。

　　アメリカの建築家で製品デザイナーであったロナルド・メイス（Mace,R.L.）は、1985（昭和60）年に世界で初めて「ユニバーサルデザイン」の考え方を雑誌に発表した。

◎　〇

◎　×

第7問　次の事項の内容が正しい場合は○、誤っている場合は×を選びなさい。

　　　ユニバーサルデザインに関する日本初の条例は、京都府京都市で施行された「京都市みやこユニバーサルデザイン推進条例」である。
　◎　○
　◎　×

第8問　次の事項の内容が正しい場合は○、誤っている場合は×を選びなさい。

　　　日本では、2005（平成17）年7月に国土交通省が発表した「ユニバーサルデザイン政策大綱」により、国の政策としてもユニバーサルデザインが大きな柱の一つに位置づけられた。
　◎　○
　◎　×

第9問　次の事項の内容が正しい場合は○、誤っている場合は×を選びなさい。

　　　「福祉用具」が高齢者や障害者に合わせてつくられたものであるのに対し、「共用品」はバリア解消設計製品としてつくられた一般商品を意味する。
　◎　○
　◎　×

第10問　次の事項の内容が正しい場合は〇、誤っている場合は×を選びなさい。

　　共用品の国際的な規格基準である「ISO/IEC ガイド 71」は、2014（平成 26）年 12 月の改訂で、タイトルが「規格におけるアクセシビリティ配慮のためのガイド」に変わった。

◎　〇

◎　×

第11問　次の事項の内容が正しい場合は〇、誤っている場合は×を選びなさい。

　　共用品のなかには、障害者や高齢者、妊産婦などを対象に行う「不便さ調査」をもとに開発され、普及したものもある。

◎　〇

◎　×

第12問　次の事項の内容が正しい場合は〇、誤っている場合は×を選びなさい。

　　廃用症候群（生活不活発病）とは、安静や寝たきりの状態になることで引き起こされる心身の機能低下のことで、その発症と福祉用具の使用には関係性がない。

◎　〇

◎　×

第1問　次の事項の内容が正しい場合は○、誤っている場合は×を選びな
さい。

　　　高齢者はわずかな段差でも転倒しやすい。場合によっては、転
倒による手の橈骨遠位端骨折や足の大腿骨近位端骨折が原因で寝
たきりになることもある。

◎　○

◎　×

第2問　次の事項の内容が正しい場合は○、誤っている場合は×を選びな
さい。

　　　道路から住居の玄関までの段差を解消する方法として、最も適
切なのは階段の設置である。

◎　○

◎　×

第3問　次の事項の内容が正しい場合は○、誤っている場合は×を選びな
さい。

　　　道路から玄関までの段差解消で階段を設置するとき、高齢者や
障害者の利用を考慮に入れるとその勾配は緩やかなほうがよく、
階段の寸法は足を乗せる踏面が150mm以上、一段の高さである
蹴上げが230mm以下であることが望ましい。

◎　○

◎　×

第4問　次の事項の内容が正しい場合は〇、誤っている場合は×を選びなさい。

　　木造住居での1階居室の床の高さは建築基準法で直下地面から450mm以上と規定されているが、床下部分に防湿土間コンクリートを敷設したり、床下全面に基礎となるコンクリートを敷設したときは、1階居室の床の高さを450mmより低くできる。

◎　〇

◎　×

第5問　次の事項の内容が正しい場合は〇、誤っている場合は×を選びなさい。

　　白アリ被害のある地域で、木造家屋の床面を下げることは好ましくない。

◎　〇

◎　×

第6問　次の事項の内容が正しい場合は〇、誤っている場合は×を選びなさい。

　　一般的に、和室の床面は洋室の床面よりも10〜40mm程度低くなっており、その部分の段差がつまづきの大きな原因となる。

◎　〇

◎　×

第7問　次の事項の内容が正しい場合は○、誤っている場合は×を選びな
さい。

　　　引き戸部分の敷居（下枠）段差の解消で用いられる引き戸用レー
ルのうち、フラットレールは床面に埋め込んで使用する。
　◎　○
　◎　×

第8問　次の事項の内容が正しい場合は○、誤っている場合は×を選びな
さい。

　　　洗面所やトイレなど床面がぬれやすい場所には、床材に塩化ビ
ニルシートを用いて滑りにくく仕上げ、車椅子を使うときは表面
の仕上げ板に1mm以上の厚さがあり、車輪のゴム跡が目立ち
たちにくい色の床材を選ぶようにする。
　◎　○
　◎　×

第9問　次の事項の内容が正しい場合は○、誤っている場合は×を選びな
さい。

　　　手すりはハンドレールとグラブバーに大別でき、このうちグラ
ブバーは通路や階段などでからだの位置を移動させるときに手を
滑らせて使う。
　◎　○
　◎　×

**第10問　次の事項の内容が正しい場合は〇、誤っている場合は×を選び
なさい。**

　　柱と柱の間にある間柱に、手すりの受け金具を木ネジでしっか
り留めることは難しい。
◎　〇
◎　×

**第11問　次の事項の内容が正しい場合は〇、誤っている場合は×を選び
なさい。**

　　手すりが必要になる個所の壁下地の補強は、費用もかさむので
なるだけ狭い範囲に限定する。
◎　〇
◎　×

**第12問　次の事項の内容が正しい場合は〇、誤っている場合は×を選び
なさい。**

　　建築設計の基準となる寸法をモジュール（module）といい、
日本の木造住宅の多くは柱と柱の芯から芯までの距離を910mm
（3尺）とするのが標準的なモジュールになっている。
◎　〇
◎　×

第13問　次の事項の内容が正しい場合は〇、誤っている場合は×を選び
なさい。

　　　柱と柱の芯から芯までの距離を910mmとする木造住宅で、柱
　に105mmの角材と、厚さ12.5mmのせっこうボードを内壁材
　に使用したとき、実際にスペースとして使える有効寸法は
　792.5mmである。
　◎　〇
　◎　×

第14問　次の事項の内容が正しい場合は〇、誤っている場合は×を選び
なさい。

　　　暖かい部屋からトイレや洗面所などに移動すると、からだが急
　な温度変化にさらされてヒートショックを起こすことがある。
　◎　〇
　◎　×

第15問　次の事項の内容が正しい場合は〇、誤っている場合は×を選び
なさい。

　　　エアコンやファンヒーターのような温風による暖房を輻射暖房
　という。
　◎　〇
　◎　×

**第16問　次の事項の内容が正しい場合は○、誤っている場合は×を選び
なさい。**

　木造建築で、柱面の外側に壁の仕上げ材を施し、柱を見えない
ように仕上げた壁を「真壁_{しんかべ}」という。

◎　○

◎　×

第1問　次の事項の内容が正しい場合は○、誤っている場合は×を選びなさい。

　　二世帯住宅は、土地や建物のどの部分を共有・分離するかで、「敷地共有型」「躯体共有型」「玄関共有型」など、いくつかのパターンに分けられる。

◎　○

◎　×

第2問　次の事項の内容が正しい場合は○、誤っている場合は×を選びなさい。

　　日本の核家族と住宅団地は、ともに第二次世界大戦終結直後の昭和20年代に登場した。

◎　○

◎　×

第3問　次の事項の内容が正しい場合は○、誤っている場合は×を選びなさい。

　　初期につくられた住宅団地は築50年を超え、エレベーターのない4～5階建ての住棟が多い。

◎　○

◎　×

第4問　次の事項の内容が正しい場合は○、誤っている場合は×を選びなさい。

　　2011（平成23）年に行われた「高齢者住まい法」の改正で、国土交通省と厚生労働省の共管による「サービス付き高齢者向け住宅」の登録制度が設けられた。
　◎　○
　◎　×

第5問　次の事項の内容が正しい場合は○、誤っている場合は×を選びなさい。

　　高齢者用の家の増改築や安全を確保するための改修工事に必要な資金を地方自治体が低利で貸し付ける「高齢者住宅整備資金貸付制度」は、65歳以上の高齢者世帯や高齢者と同居する世帯が対象である。
　◎　○
　◎　×

第6問　次の事項の内容が正しい場合は○、誤っている場合は×を選びなさい。

　　住宅確保要配慮者とは、低額所得者、被災者、高齢者、障害者、子どもを育成する家庭など、住宅の確保に特に配慮を必要とする人のことである。
　◎　○
　◎　×

第7問 次の事項の内容が正しい場合は○、誤っている場合は×を選びなさい。

地方公共団体が運営する公営住宅には、精神障害者は単身では入居できない。

◎ ○

◎ ×

第8問 次の事項の内容が正しい場合は○、誤っている場合は×を選びなさい。

「都市計画マスタープラン」は、市町村が住民の意向を反映させて策定する都市計画の指針となる計画で、策定の過程でワークショップ、素案作成、素案への住民意見の収集などが行われる。

◎ ○

◎ ×

第9問 次の事項の内容が正しい場合は○、誤っている場合は×を選びなさい。

地域防災計画は、1961（昭和36）年に制定された「災害対策基本法」を根拠とする計画で、自然災害に対する予防計画と対応計画で構成されている。

◎ ○

◎ ×

第1問　日本の人口構成に関する次の①～④の記述の中で、その内容が最も不適切なものを1つ選びなさい。

◎ ①　わが国の総人口の規模は、減少している。

◎ ②　60歳以上の高齢者人口が増加する一方で、0歳～15歳までの年少人口と16歳～59歳までの生産年齢人口は減少している。

◎ ③　合計特殊出生率は、2005（平成17）年に過去最低水準の1.26を記録した。

◎ ④　現役世代の引退や高齢化と少子化の進捗を考慮すると、今後はよりいっそう生産年齢人口の比率が低下する社会になることが予想される。

第2問　わが国の高齢者の健康と福祉に関する次の①～④の記述の中で、その内容が最も不適切なものを1つ選びなさい。

◎ ①　「ここ数日、病気やけが等に自覚症状がある」高齢者の割合は、2019（令和元）年時点で人口1,000人当たり689.6人に及んでいる。

◎ ②　高齢者等が介護を必要となったときに利用できるサービスとして、介護保険制度は広く認知されている。

◎ ③　介護保険制度の要介護・要支援の認定を受けた高齢者は、2019（令和元）年度で約656万人に達している。

◎ ④　内閣府の「令和3年版高齢社会白書」によれば、60歳以上の58.3％が社会活動に参加している。

第3問　少子高齢化と地域社会に関する次の①〜④の記述の中で、その内容が最も不適切なものを1つ選びなさい。

◎ ① 　少子高齢社会でみられる諸問題を解決するには社会全体での対応が不可欠である。

◎ ② 　少子高齢社会では、従来型の血縁や地縁による地域社会のつながりが薄れていく傾向にある。

◎ ③ 　住み慣れた地域社会を基盤にして安全で安心な老後生活をおくることを唱える「エイジング・イン・プレイス（Aging in Place）」は、高齢者福祉で近年強調される理念である。

◎ ④ 　少子高齢社会では、年齢や世代で区別をつける「エイジレス社会」の構築をめざす必要がある。

第4問　在宅介護を支える専門職に関する次の①〜④の記述の中で、その内容が最も不適切なものを1つ選びなさい。

◎ ① 　理学療法士（PT）は、基本的動作能力の回復を目的に、運動療法や物理療法などによるリハビリテーションを行う。

◎ ② 　作業療法士（OT）は、総合的なリハビリテーションの計画を立てて、理学療法士（PT）にそのメニューを提示し、補助する。

◎ ③ 　言語聴覚士（ST）は、音声・言語・聴覚や摂食・嚥下機能に障害がある人に向けて訓練や指導を行い、その回復を図る。

◎ ④ 　福祉住環境コーディネーターは、要介護者ができるだけ自立した生活がおくれるように、家族や各専門職とも連携・調整を図りながら、住環境整備を支援する。

第5問　障害者への支援に関する次の①～④の記述の中で、その内容が最も不適切なものを1つ選びなさい。

◎ ①　1948（昭和23）年に採択された「世界人権宣言」をはじめ、「知的障害者の権利宣言」や「障害者の権利宣言」など、国際連合は人権に関するさまざまな提唱を行っている。

◎ ②　日本では、1981（昭和56）年の国際障害者年などをきっかけに、障害者政策にノーマライゼーションの理念が明確に反映されるようになった。

◎ ③　日本の障害者支援政策は、契約制度によるサービス提供から、行政が必要と判断したサービスを提供する措置制度へと転換が図られてきた。

◎ ④　日本の「障害者総合支援法」の正式名称は、「障害者の日常生活及び社会生活を総合的に支援するための法律」である。

第6問　高齢者の健康に関する次の①～④の記述の中で、その内容が最も不適切なものを1つ選びなさい。

◎ ①　高齢になっても、ビタミン・ミネラルやたんぱく質は若いときと変わらない量を摂取する必要があり、特に植物性たんぱく質を多くとる必要がある。

◎ ②　よくかんで食べる習慣をつけておくことが、誤嚥性肺炎の予防にもつながる。

◎ ③　高齢者が運動を行う第一の目的は、日常生活で自立して暮らせる能力を維持し、向上させることにある。

◎ ④　高齢になると少しの段差でもつまずき、転びやすくなるので、日ごろから転倒に注意する必要がある。

第7問　介護予防に関する次の①〜④の記述の中で、その内容が最も適切なものを１つ選びなさい。

◎　①　介護予防は一次・二次・三次の三段階に分けられ、そのうち二次予防は生活機能の維持を主な目的としている。

◎　②　要介護状態等になるおそれの高い高齢者は、二次予防の対象となる。

◎　③　三次予防の主な目的は、要介護状態等の緩和である。

◎　④　生涯学習は、要介護状態等になるおそれの高い高齢者に対しても必須の予防手だてである。

第8問　障害に関する次の①〜④の記述の中で、その内容が最も適切なものを１つ選びなさい。

◎　①　身体障害のうち、四肢やからだに運動機能障害のある肢体不自由者では、介助を受けて生活をおくる人が圧倒的に多い。

◎　②　内臓に障害があり、ペースメーカーや人工肛門などが必要になることもある内部障害者は、健常な人よりもつかれやすく、医療器具などの維持管理の困難さから日常生活に支障をきたすことが少なくない。

◎　③　高次脳機能障害は、何らかの原因で脳の一部が一時的に過剰興奮し、発作が起きる病気のことである。

◎　④　発達障害は、自閉症と言い換えることができる。

第1問　バリアフリーに関する次のア～エの記述について、適切なものを
〇、不適切なものを×としたとき、正しい組み合わせを①～④から
1つ選びなさい。

　ア　構造物、都市環境、製品といった物にかかわる障壁を「物理
　　　的バリア」という。

　イ　就学や就職などの際、「障害」によってさまざまな基準や制
　　　限を設けることは、私たちの社会がかかえる生活上のバリアと
　　　はいえない。

　ウ　点字や手話通訳などがないことにより、文化や情報に親しむ
　　　機会が制限されることも、私たちの社会に存在するバリアの一
　　　つである。

　エ　高齢者や障害者への関心が薄いことをもって、その社会に「意
　　　識のバリア」があるとはいえない。

◎　①　ア〇　イ×　ウ〇　エ×

◎　②　ア×　イ〇　ウ〇　エ×

◎　③　ア×　イ〇　ウ×　エ〇

◎　④　ア〇　イ×　ウ×　エ〇

第2問　ユニバーサルデザインの7原則（以下「7原則」）に関する次の
ア～エの記述について、適切なものを〇、不適切なものを×とし
たとき、正しい組み合わせを①～④から1つ選びなさい。

　ア　「7原則」には、具体的な数値を示した箇所もある。

　イ　1997（平成9）年に公表された後、「7原則」は一度も改訂
　　　されていない。

　ウ　「7原則」には、「使い手に必要な情報が容易にわかること」
　　　や「間違えても重大な結果にならないこと」も含まれる。

　エ　「7原則」の作成者の一人であるメイスは、さらに「アダプ
　　　タブル」という考え方も提唱している。

◎ ① ア○ イ× ウ○ エ×
◎ ② ア○ イ○ ウ× エ×
◎ ③ ア× イ○ ウ× エ○
◎ ④ ア× イ× ウ○ エ○

第3問 介護保険で利用できる福祉用具に関する次のア〜エの記述につい
て、適切なものを○、不適切なものを×としたとき、正しい組み
合わせを①〜④から1つ選びなさい。

ア 介護保険の給付対象となる福祉用具は、すべて貸与されるも
のである。
イ 貸与された福祉用具は、貸与に要した費用の2割を利用者が
負担する。
ウ 入浴・排泄関連などの特定福祉用具は、貸与ではなく、購入
費支給の対象となる。
エ 一般に福祉用具と呼ばれるものでも介護保険の給付対象では
ない場合もあり、利用にあたっては介護支援専門員や福祉用具
専門相談員などに相談する必要がある。
◎ ① ア○ イ× ウ× エ○
◎ ② ア○ イ○ ウ× エ×
◎ ③ ア× イ× ウ○ エ○
◎ ④ ア× イ○ ウ○ エ×

第4問 トイレの整備に関する次のア〜エの記述について、適切なものを
○、不適切なものを×としたとき、正しい組み合わせを①〜④か
ら1つ選びなさい。

ア 排泄音やにおいが気になるので、トイレと寝室は離れていた
ほうがよい。
イ 介助が必要な場合は、便器側方および前方に500mm以上の

　　介助スペースを確保しておく。

ウ　立ち座り用の縦手すりは、便器の先端から100〜200mm
　　程度前方の側面に設置し、手すりの上端は利用者が立位になっ
　　たときの肩の位置より100mm上方までの高さにする。

エ　トイレの扉は引き戸にするのが基本で、敷居の段差は解消す
　　る。

◎　①　ア○　イ×　ウ○　エ×
◎　②　ア×　イ○　ウ○　エ×
◎　③　ア○　イ×　ウ×　エ○
◎　④　ア×　イ○　ウ×　エ○

第5問　キッチンの整備に関する次のア〜エの記述について、適切なもの
　　　　を○、不適切なものを×としたとき、正しい組み合わせを①〜④
　　　　から1つ選びなさい。

ア　流し台、調理台、コンロなどはコンパクトにまとめて配置す
　　るようにする。

イ　キッチンと食堂との作業動線は短くし、壁や建具で部屋とし
　　て仕切らない。

ウ　電気コンロのうち、電磁調理器（IHヒーター）は鍋を置く
　　天板の加熱部分が熱せられ、鍋を下ろした後も予熱が残り、加
　　熱部分に触ってやけどする危険がある。

エ　立位で調理するときは、キッチンカウンターが使いやすいよ
　　うに、踏み台などを用いる。

◎　①　ア○　イ○　ウ×　エ×
◎　②　ア×　イ○　ウ×　エ○
◎　③　ア×　イ○　ウ×　エ×
◎　④　ア○　イ×　ウ○　エ×

第6問　介護保険と住宅改修に関する次のア～エの記述について、適切な
　　　　ものを○、不適切なものを×としたとき、正しい組み合わせを①
　　　　～④から１つ選びなさい。

　　　ア　自宅に手すりを取り付けるなど、介護保険制度の要支援者や
　　　　　要介護者が所定の住宅改修を行った場合、介護保険から一定の
　　　　　住宅改修費が支給される。
　　　イ　介護保険の給付対象となる住宅改修は、「手すりの取り付け」
　　　　　と「段差の解消」の２種目である。
　　　ウ　住宅改修費の支給限度基準額は20万円で、実際に支給され
　　　　　る金額は最大でその９割の18万円となる。
　　　エ　要支援・要介護区分にかかわらず、住宅改修費の支給限度基
　　　　　準額は定額で、要介護区分が重くなったり転居した場合でも、
　　　　　支給限度基準額が再度設定されることはない。
　　◎　①　ア○　イ×　ウ○　エ×
　　◎　②　ア×　イ○　ウ○　エ×
　　◎　③　ア○　イ×　ウ×　エ○
　　◎　④　ア×　イ○　ウ×　エ○

第7問　高齢期の住まいに関する次のア～エの記述について、適切なもの
　　　　を○、不適切なものを×としたとき、正しい組み合わせを①～④
　　　　から１つ選びなさい。

　　　ア　近年は、元気なうちに終の棲家を求めて、高齢者向けの住宅
　　　　　や福祉施設などへの住み替えを検討するシニア世代が増えてい
　　　　　る。
　　　イ　収入の少ない高齢者は、持ち家があってもリバースモーゲー
　　　　　ジを利用できず、老後の資金を借りられない。
　　　ウ　高齢者向けの住まいの一つである「シルバーハウジング」は
　　　　　バリアフリー化された公的賃貸住宅で、生活援助員による生活

指導や安否確認などのサービスも受けられる。

エ　「コレクティブハウジング」は居住者間の交流や協同に用いる共有空間を備えた集合住宅のことで、高齢世代が家事を協同で分担する目的で考案された北欧の集合住宅がその始まりである。

◎　①　ア○　イ×　ウ×　エ○

◎　②　ア○　イ○　ウ×　エ×

◎　③　ア×　イ○　ウ×　エ○

◎　④　ア○　イ×　ウ○　エ×

第 3 回

模擬試験

1回目（　／　）

大問 1	大問 2	大問 3	大問 4	大問 5	大問 6	大問 7	合計
／ 11	／ 7	／ 12	／ 16	／ 9	／ 24	／ 21	／ 100

2回目（　／　）

大問 1	大問 2	大問 3	大問 4	大問 5	大問 6	大問 7	合計
／ 11	／ 7	／ 12	／ 16	／ 9	／ 24	／ 21	／ 100

第1問　次の事項の内容が正しい場合は〇、誤っている場合は×を選びなさい。

　2017（平成29）年推計の「日本の将来推計人口」によると、わが国における65歳以上の高齢化率は、2065（令和47）年には50％に達すると見込まれている。

◎　〇

◎　×

第2問　次の事項の内容が正しい場合は〇、誤っている場合は×を選びなさい。

　60歳から69歳までの高齢者を前期高齢者、70歳以上の高齢者を後期高齢者という。

◎　〇

◎　×

第3問　次の事項の内容が正しい場合は〇、誤っている場合は×を選びなさい。

　少子化と高齢化が同時に進行し、20〜64歳までの生産年齢人口も減少傾向にある日本では、増大し続ける社会保障費にどう向き合っていくのかも重要な課題といえる。

◎　〇

◎　×

第4問　次の事項の内容が正しい場合は○、誤っている場合は×を選びなさい。

　日本では高齢化が進む一方で、定年後すぐに隠居生活を送るようなライフスタイルが定着しているとはいえない。
◎　○
◎　×

第5問　次の事項の内容が正しい場合は○、誤っている場合は×を選びなさい。

　2018（平成30）年に閣議決定された「高齢社会対策大綱」は、「年齢による画一化を見直し、すべての年代の人々が希望に応じて意欲・能力をいかして活躍できるエイジレス社会を目指す」ことを、基本的な考え方の一つに掲げている。
◎　○
◎　×

第6問　次の事項の内容が正しい場合は○、誤っている場合は×を選びなさい。

　1975（昭和50）年以降、日本の合計特殊出生率は2.00を下回り続け、2005（平成17）年には過去最低水準の1.26を記録し、その後はやや持ち直したものの、依然として低水準にある。
◎　○
◎　×

第7問　次の事項の内容が正しい場合は○、誤っている場合は×を選びなさい。

　　2020（令和2）年に閣議決定された「少子化社会対策大綱」は、令和の時代にふさわしい少子化対策として「希望出生率2.0」の実現を目標に掲げ、その対策の基本的な考え方を5項目示している。
◎　○
◎　×

第8問　次の事項の内容が正しい場合は○、誤っている場合は×を選びなさい。

　　日本では高齢者関係の社会保障給付費が特に増大しており、2019年（令和元）年度の統計によれば高齢者関係の社会保障給付費は82兆444億円で、社会保障給付費全体の66.5％を占めている。
◎　○
◎　×

第9問　次の事項の内容が正しい場合は○、誤っている場合は×を選びなさい。

　　40歳以上65歳未満の医療保険加入者は、医療保険料とともに介護保険料が徴収され、加齢による特定疾患が原因で要介護・要支援状態になった場合は介護保険のサービスが受けられる。
◎　○
◎　×

第10問　次の事項の内容が正しい場合は○、誤っている場合は×を選びなさい。

　　　市町村により指定される「指定特定相談支援事業者」は、障害者総合支援法に基づく「計画相談支援」のみを行う事業者である。

◎　○

◎　×

第11問　次の事項の内容が正しい場合は○、誤っている場合は×を選びなさい。

　　　2018（平成30）年に創設された「共用型サービス」により、高齢障害者における障害福祉サービスから介護保険サービスへの利用移行の円滑化が進められている。

◎　○

◎　×

第1問　次の事項の内容が正しい場合は〇、誤っている場合は×を選びな
さい。

　　　高齢になると、暑さや寒さに対する体温の調整力が低下してい
く。
　◎　〇
　◎　×

第2問　次の事項の内容が正しい場合は〇、誤っている場合は×を選びな
さい。

　　　知能の発達は20歳がピークであり、健康であっても高齢者が
知力を維持することは難しい。
　◎　〇
　◎　×

第3問　次の事項の内容が正しい場合は〇、誤っている場合は×を選びな
さい。

　　　介護予防の段階的区分のうち、要介護状態等になるおそれの高
い高齢者は「二次予防」の対象となる。
　◎　〇
　◎　×

第4問　次の事項の内容が正しい場合は○、誤っている場合は×を選びな
さい。

　　　ロートンの「生活機能の7段階の階層モデル」でいえば、一般
　　に自立できるかどうかの境になるのは、一人暮らしが可能な能力
　　のある「手段的自立」の階層である。
　　◎　○
　　◎　×

第5問　次の事項の内容が正しい場合は○、誤っている場合は×を選びな
さい。

　　　他者から支援を受けたり、機械や道具を用いることは、自立と
　　矛盾する。
　　◎　○
　　◎　×

第6問　次の事項の内容が正しい場合は○、誤っている場合は×を選びな
さい。

　　　日常生活動作（ADL）は自立しているが、手段的日常生活動
　　作（IADL）には支援が必要な状態を、「フレイル」ということが
　　ある。
　　◎　○
　　◎　×

第7問　次の事項の内容が正しい場合は○、誤っている場合は×を選びなさい。

　　「T_7の胸髄損傷」と診断されたときは、12ある胸髄のうち7番目までは機能が残っている状態である。

◎　○

◎　×

第1問　次の事項の内容が正しい場合は〇、誤っている場合は×を選びな
さい。

　「バリアフリー」は、平等な社会参加を実現するための手段の
一つである。

◎　〇

◎　×

第2問　次の事項の内容が正しい場合は〇、誤っている場合は×を選びな
さい。

　日本では1993（平成5）年制定の「障害者基本法」で、障害
者の社会参加を阻む障壁として「物理的」「制度的」「文化・情報
面」「意識上」の4つのバリアを指摘した。

◎　〇

◎　×

第3問　次の事項の内容が正しい場合は〇、誤っている場合は×を選びな
さい。

　ユニバーサルデザインは、バリアがあることを前提とせず、元
からバリアを生じないようにするという建築設計の考え方に基づ
いている。

◎　〇

◎　×

第4問　次の事項の内容が正しい場合は○、誤っている場合は×を選びなさい。

　　ユニバーサルデザインは、ノーマライゼーションとは本質的に目指す方向性が違う。

◎　○

◎　×

第5問　次の事項の内容が正しい場合は○、誤っている場合は×を選びなさい。

　　ユニバーサルデザインを実現させる具体策として、「スパイラルアップ」の手法が重視されている。

◎　○

◎　×

第6問　次の事項の内容が正しい場合は○、誤っている場合は×を選びなさい。

　国際連合は、障害者の「完全参加と平等」をスローガンに1981（昭和56）年を「障害者福祉年」と定め、さらに1983（昭和58）年から1992（平成4）年までを「国連・障害者の十年」としてさまざまな施策を展開した。

◎　○

◎　×

第7問　次の事項の内容が正しい場合は○、誤っている場合は×を選びな
さい。

　アメリカでは1990（平成2）年に、障害者への差別を禁止し、
障害者の社会参加やその環境整備を促進させることを目的とする
「障害者差別解消法」が制定された。

◎　○

◎　×

第8問　次の事項の内容が正しい場合は○、誤っている場合は×を選びな
さい。

　日本では2006（平成18）年に、「ハートビル法」と「交通バ
リアフリー法」を合体させた「住宅セーフティネット法」が制定・
施行された。

◎　○

◎　×

第9問　次の事項の内容が正しい場合は○、誤っている場合は×を選びな
さい。

　ユニバーサルデザインによるまちづくりの推進を目的に静岡県
浜松市が制定した条例では、市長の策定するまちづくり計画に市
民や審議会の意見を反映させ、公共施設を新築する際には利用者
等の意見を聴くことを求めている。

◎　○

◎　×

第10問　次の事項の内容が正しい場合は○、誤っている場合は×を選びな
さい。

　　福祉用具と共用品は、ともに便利な生活を実現するために開発
された用具であり、特定の人に向けて開発されたものではない。
◎　○
◎　×

第11問　次の事項の内容が正しい場合は○、誤っている場合は×を選びな
さい。

　　福祉用具は使う目的や機能などにより、「介護機器」「自立機器」
「治療機器」「機能補填機器」「訓練機器」「職業能力開発機器」に
分類できる。
◎　○
◎　×

第12問　次の事項の内容が正しい場合は○、誤っている場合は×を選びな
さい。

　　車椅子は移動の代替だけではなく、歩けなくなった人が座位を
とって活動的な生活をおくるための機器でもある。
◎　○
◎　×

第1問　次の事項の内容が正しい場合は○、誤っている場合は×を選びなさい。

　　スロープを使って、道路から住居の玄関までのアプローチにある段差の解消を図る場合、その勾配はできるだけ緩やかなほうがよく、少なくとも1/12は確保する。
◎　○
◎　×

第2問　次の事項の内容が正しい場合は○、誤っている場合は×を選びなさい。

　　「建築基準法」は、床下に防湿土間コンクリートを敷設した場合も含めて、1階居室の木造床面を地面より450mm以上高くするように規定している。
◎　○
◎　×

第3問　次の事項の内容が正しい場合は○、誤っている場合は×を選びなさい。

　　一般的に、洋室の床面は和室の床面より10〜40mm程度高くなっており、この部分の段差を解消するために「ミニスロープ」を設置することが多い。
◎　○
◎　×

第4問　次の事項の内容が正しい場合は○、誤っている場合は×を選びなさい。

　　敷居段差の解消のため、床面にフラットレールを設置したりV溝レールを埋め込むときは、段差が残ったとしても5mm以下になるようにする。

◎　○

◎　×

第5問　次の事項の内容が正しい場合は○、誤っている場合は×を選びなさい。

　　住居の床材を選択するときは滑りにくさや強さを考慮し、特に室内でも屋外と同じ車椅子を使うときは床面が傷付きやすいので、表面の仕上げ板の厚さが1mm以上の床材を選ぶ。

◎　○

◎　×

第6問　次の事項の内容が正しい場合は○、誤っている場合は×を選びなさい。

　　身体支持用の手すりにはハンドレールとグラブバーがあり、手すりの直径はハンドレールが28〜32mm程度、グラブバーが32〜36mm程度を目安としている。

◎　○

◎　×

第7問　次の事項の内容が正しい場合は○、誤っている場合は×を選びなさい。

　　トイレや浴室など、手すりの必要になる場所や将来の設置が予想される個所は、取り付け位置が変わっても対応できるように、広範囲に下地補強をしておくとよい。

◎　○

◎　×

第8問　次の事項の内容が正しい場合は○、誤っている場合は×を選びなさい。

　　はめ込み式の浴槽用手すりやトイレの据置式の手すりは、建築工事をせずに利用できる。

◎　○

◎　×

第9問　次の事項の内容が正しい場合は○、誤っている場合は×を選びなさい。

　　介助用車椅子やシャワー用車椅子の使用を考慮すると、扉（ドア）や戸などの建具の有効寸法は700mm以上必要となる。

◎　○

◎　×

第10問　次の事項の内容が正しい場合は○、誤っている場合は×を選びなさい。

　開き戸用のレバーハンドル型の把手は床から900〜1,000mm程度の高さに、引き戸用の棒型の把手は床から850〜1,100mm程度の高さに、それぞれ取り付けるようにする。

◎　○

◎　×

第11問　次の事項の内容が正しい場合は○、誤っている場合は×を選びなさい。

　住宅の設計図面（平面図）には購入予定のものを含めて家具を描き込んでおき、そのうえで住宅内の移動など、使い勝手を検討するとよい。

◎　○

◎　×

第12問　次の事項の内容が正しい場合は○、誤っている場合は×を選びなさい。

　高齢者には、ソファーなど座面の高さが膝よりも低い椅子だと立ち座り動作が難しくなるので、使い勝手が悪い。

◎　○

◎　×

第13問　次の事項の内容が正しい場合は○、誤っている場合は×を選びなさい。

　　　　収納扉は、からだの動きなどを考慮して折れ戸を原則とする。

◎　○

◎　×

第14問　次の事項の内容が正しい場合は○、誤っている場合は×を選びなさい。

　　　　奥行きが600mm以上の深い収納では、高齢者でも足を踏み入れやすいように下枠段差をなくしておき、収納部分は腰から肩までの高さを目安にする。

◎　○

◎　×

第15問　次の事項の内容が正しい場合は○、誤っている場合は×を選びなさい。

　　　　中央暖房方式による全室暖房では、温風による対流暖房が主流である。

◎　○

◎　×

第16問　次の事項の内容が正しい場合は〇、誤っている場合は×を選びなさい。

　　洗面器や便器の色は、汚れたところが一目でわかるように、淡い水色やピンクにするのが基本である。

◎　〇

◎　×

第1問　次の事項の内容が正しい場合は〇、誤っている場合は×を選びなさい。

「令和3年版高齢社会白書」によると、高齢者人口に占める単身高齢者の割合が、2040（令和22）年には男性が20.8％、女性が24.5％まで増加すると見込まれている。

◎　〇

◎　×

第2問　次の事項の内容が正しい場合は〇、誤っている場合は×を選びなさい。

マンション等の集合住宅において、自己所有する住宅を資産として維持・管理していくためには、自治会への参画が必要となる。

◎　〇

◎　×

第3問　次の事項の内容が正しい場合は〇、誤っている場合は×を選びなさい。

一般定期借地権とは、50年以上の長期にわたって継続的に土地を使用できる権利を借り受けるもので、契約期間内に居住しなくなった場合は、借地権とともに住宅を相続することも売却することもできる。

◎　〇

◎　×

第４問　次の事項の内容が正しい場合は〇、誤っている場合は×を選びなさい。

　　1999（平成11）年制定の「高齢者住まい法」に基づき、高齢者等への配慮に関する項目を含む「住宅性能表示制度」が2000（平成12）年に始まった。
◎　〇
◎　×

第５問　次の事項の内容が正しい場合は〇、誤っている場合は×を選びなさい。

　　住環境整備が必要な高齢者や障害者に対する公的な助成は、介護保険制度における住宅改修費の支給のみである。
◎　〇
◎　×

第６問　次の事項の内容が正しい場合は〇、誤っている場合は×を選びなさい。

　　住宅改修の相談に対応し助言を行う専門職種のうち、「増改築相談員」と「マンションリフォームマネジャー」は公益財団法人住宅リフォーム・紛争処理支援センターの所管する資格である。
◎　〇
◎　×

第7問　次の事項の内容が正しい場合は○、誤っている場合は×を選びな
さい。

　　　サービス付き高齢者向け住宅に適合する住宅部分の条件は、各
居住部分の床面積が原則25m^{2}以上あり、各居住部分に台所・水
洗トイレ・洗面設備・浴室・収納装備を備え、バリアフリー構造
であることである。

　◎　○

　◎　×

第8問　次の事項の内容が正しい場合は○、誤っている場合は×を選びな
さい。

　　　「地域優良賃貸住宅制度」は、子育て世代など、居住の安定に
特に配慮が必要な世帯に対して、居住環境が良好な賃貸住宅を供
給するための制度であるが、家賃補助は行われていない。

　◎　○

　◎　×

第9問　次の事項の内容が正しい場合は○、誤っている場合は×を選びな
さい。

　　　「マイホーム借上げ制度」は、子育て世代への住宅支援だけで
なく、高齢者の住みかえ支援にも役立つ面がある。

　◎　○

　◎　×

第1問　日本の介護保険制度に関する次の①～④の記述の中で、その内容が最も不適切なものを1つ選びなさい。

◎ ①　介護保険制度は、高齢者の介護を社会全体で支え合うしくみとして2000（平成12）年4月に創設された社会保険制度である。

◎ ②　介護保険制度では、利用者がみずからサービスの種類や事業者を選択できる。

◎ ③　介護保険サービスを利用したときは、サービス費用の2割を利用者が負担する。

◎ ④　介護保険制度は創設から20年以上が経過し、国民に定着した制度といえる。

第2問　日本の介護保険制度のしくみに関する次の①～④の記述の中で、その内容が最も不適切なものを1つ選びなさい。

◎ ①　制度の運営主体は特別区を含む市町村で、被保険者は65歳以上の第1号被保険者と40歳以上65歳未満の第2号被保険者に分かれる。

◎ ②　市町村が行う要介護認定の区分（要介護度）は、程度が重いものから順に、要介護1～5、要支援1～2となる。

◎ ③　要介護認定を受けるには住まいのある市町村への申請が必要で、本人や家族に代わり、地域包括支援センターや居宅介護支援事業者、介護保険施設などがその手続を代行してもよい。

◎ ④　要介護度は、市町村の担当者が聞き取った調査内容を全国一律の基準でコンピューターが判定する一次判定と、一次判定の結果と主治医の意見書をもとに介護認定審査会が下す二次判定を経て決定される。

第3問　日本の介護保険制度のサービスに関する次の①〜④の記述の中で、その内容が最も不適切なものを1つ選びなさい。

◎　①　介護保険サービスを受けるための要介護者のケアプランは、利用者本人も作成できるが、一般には介護支援専門員（ケアマネジャー）に作成を依頼することが多い。

◎　②　市町村が行う介護予防・日常生活支援総合事業（総合事業）のサービスは、その利用の可否が厚生労働省作成の基本チェックリストのみで判定されるので、要介護認定を省略でき、すべての被保険者が迅速に利用できる。

◎　③　介護保険で利用できる介護給付サービスと予防給付サービスは、サービスの提供される場所等に応じて、居宅サービス、地域密着型サービス、施設サービスの3つに分けられる。

◎　④　介護保険には福祉用具の利用や環境整備に関する給付サービスもあり、居宅サービスに分類される。

第4問　障害者総合支援法（以下「支援法」）に関する次の①〜④の記述の中で、その内容が最も不適切なものを1つ選びなさい。

◎　①　支援対象となる障害者・障害児には、身体障害、知的障害、精神障害（発達障害を含む）に加えて、一定の難病も含まれる。

◎　②　「支援法」に基づく（支援サービス）の運用主体はすべて市町村で、自己負担を除く部分のすべてが税で賄われる社会扶助方式がとられている。

◎　③　「支援法」に基づく給付（支援サービス）は、「自立支援給付」と「地域生活支援事業」に大別される。

◎　④　「支援法」による自立支援給付のうち、介護給付などの「障害福祉サービス」を利用するときには、市町村の窓口に申

請して「障害支援区分」の認定を受ける必要がある。

第5問　日本の住環境の問題点に関する次の①〜④の記述の中で、その内容が最も不適切なものを1つ選びなさい。

◎ ①　玄関の上がりがまち、廊下と和室、和室と洋室、脱衣場と浴室など、住宅内に多くの段差が存在する。

◎ ②　軸組構法の木造住宅などには尺貫法の影響が残り、廊下、階段、開口部の幅員が狭くなりがちで、介護が必要な人や、福祉用具を使う人の室内移動には適していない。

◎ ③　「畳に座る」「和式トイレでしゃがむ」「和式浴槽をまたいで入浴する」などの和式の生活洋式は、身体機能が低下した人には不向きである。

◎ ④　湿気の多い夏向きに造られている住宅が多く、冬の寒さには向いていないが、室内の温度差は少ない。

第6問　認知症に関する次の①〜④の記述の中で、その内容が最も不適切なものを1つ選びなさい。

◎ ①　2010（平成22）年の調査によれば、日常生活自立度Ⅱ以上の認知症高齢者は280万人と推計され、そのおよそ半数が在宅で生活している。

◎ ②　認知症の人には、徘徊、異食、せん妄、興奮、暴力行為などの中核症状がみられる。

◎ ③　認知機能に障害があっても、日常生活を普通に営むことができれば認知症とはいえない。

◎ ④　高齢期に起こる代表的な認知症は「脳血管性認知症」と「アルツハイマー型認知症」である。

第7問 リハビリテーションに関する次の①～④の記述の中で、その内容が最も不適切なものを1つ選びなさい。

◎ ① リハビリテーション・プログラムは、医師、看護師、理学療法士、作業療法士などの専門家がチームを組んで策定し、実行する。

◎ ② 脊髄損傷などで排尿に支障がある場合、収尿器を使った排尿訓練により「排尿の自立」をめざすことがある。

◎ ③ 足に重い麻痺症状がみられるときは、立位の保持や歩行機能の改善などを目的に、太ももから足先までの機能を補う長下肢装具を装着した訓練を行うことがある。

◎ ④ 上半身に感覚障害がある場合は、臀部の褥瘡を予防するために、足の力で座面を押して殿部を持ち上げるプッシュアップ動作を習得する必要がある。

第8問 障害者への生活支援に関する次の①～④の記述の中で、その内容が最も不適切なものを1つ選びなさい。

◎ ① 障害者の在宅生活を充実したものにするには、障害者本人の意欲のほかに、障害への理解や適切な支援など、家族や周囲の人々のありようも問われる。

◎ ② 適切な医療とリハビリテーション、介護サービスが欠かせない。

◎ ③ 福祉用具の活用や住環境の整備は、障害者の充実した在宅生活や社会復帰・社会参加を果たすための有効な手段となる。

◎ ④ 障害者理解への啓蒙活動は、障害者本人が取り組むべき課題である。

第1問　日本における「障害」の呼び方に関する次のア～エの記述について、適切なものを○、不適切なものを×としたとき、正しい組み合わせを①～④から1つ選びなさい。

　　ア　社会福祉関連の法律では16歳を一つの区切りとし、16歳以上には「障害者」、16歳未満には「障害児」や「心身障害児」の名称が使われている。

　　イ　2つ以上の障害がある場合は「複合障害」、重度の障害がある場合は「重度障害」という。

　　ウ　心身に重度の障害が重複している場合、行政上は「重症心身障害」と呼ばれている。

　　エ　単一の障害は「身体障害」「知的障害」「精神障害」「発達障害」などと呼ばれている。

　　◎　①　ア○　イ○　ウ×　エ×

　　◎　②　ア×　イ○　ウ○　エ×

　　◎　③　ア×　イ×　ウ○　エ○

　　◎　④　ア○　イ×　ウ×　エ○

第2問　1974（昭和49）年に国際連合が発表した「Barrier Free Design」（以下「報告書」）に関する次のア～エの記述について、適切なものを○、不適切なものを×としたとき、正しい組み合わせを①～④から1つ選びなさい。

　　ア　この「報告書」をきっかけに、バリアフリーの概念が世界に広まったとされる。

　　イ　「報告書」は、建築物などが「ミスター・アベレージ」と呼ばれる想定上の人物に合わせて整備されてきたことを指摘し、これを肯定的に評価している。

　　ウ　障害者の社会参加を妨げる要因として、「報告書」は建築物などの「物理的な障壁」とともに、障害に対する人々の意識と

いった「社会的な障壁」も指摘している。

エ　「報告書」は、障害者の社会参加の実現に向けた環境整備の
　　必要性を説いているが、障害のある人にも住宅を選ぶ権利があ
　　るとまでは言及していない。

◎ ①　ア○　イ×　ウ○　エ×

◎ ②　ア○　イ○　ウ×　エ×

◎ ③　ア×　イ○　ウ×　エ○

◎ ④　ア×　イ×　ウ○　エ○

第3問　共用品に関する次のア〜エの記述について、適切なものを○、不
　　　適切なものを×としたとき、正しい組み合わせを①〜④から1つ
　　　選びなさい。

ア　「直感的でわかりやすく、心理的負担が少なく操作・利用で
　　きる」ことや、「素材・構造・機能・手順・環境などが配慮され、
　　安全に利用できる」ことは、ともに共用品の5つの原則の一つ
　　である。

イ　共用品の英語訳は「バリアフリーデザイン」である。

ウ　共用品を普及させるためには、業界全体および業界横断で配
　　慮部分を統一し、標準化することが求められている。

エ　共用品の国際的な規格基準である「ISO/IECガイド71」は、
　　日本の共用品推進機構の提案がきっかけで制定された。

◎ ①　ア○　イ×　ウ×　エ○

◎ ②　ア○　イ×　ウ○　エ×

◎ ③　ア×　イ○　ウ×　エ○

◎ ④　ア×　イ○　ウ○　エ×

第4問　移動用福祉用具に関する次のア～エの記述について、適切なもの
　　　を○、不適切なものを×としたとき、正しい組み合わせを①～④
　　　から1つ選びなさい。

　　　ア　座位変換形車椅子は、座席昇降式の車椅子とリクライニング
　　　　　式など姿勢変換機能のある車椅子に大別できる。
　　　イ　スロープは、歩行が困難な人や車椅子使用者の自立移動を可
　　　　　能にするための垂直移動装置で、比較的大きな段差を解消する
　　　　　ときに用いられる。
　　　ウ　階段昇降機（階段昇降装置）は、すべて固定式である。
　　　エ　移動用リフトは、自力では移動や移乗ができず、人的な介助
　　　　　のみでは困難な場合に使われる福祉用具で、吊り具をからだに
　　　　　つけて、これを上下あるいは平行に移動させることで目的の場
　　　　　所まで移動・移乗させる。
　　　◎　①　ア○　イ×　ウ○　エ×
　　　◎　②　ア×　イ○　ウ○　エ×
　　　◎　③　ア○　イ×　ウ×　エ○
　　　◎　④　ア×　イ○　ウ×　エ○

第5問　排泄や入浴などに関連する福祉用具に関する次のア～エの記述に
　　　ついて、適切なものを○、不適切なものを×としたとき、正しい
　　　組み合わせを①～④から1つ選びなさい。

　　　ア　おむつやポータブルトイレなどの排泄関連の福祉用具は、介
　　　　　助のしやすさを一番に考えて選択するとよい。
　　　イ　入浴関連の福祉用具は、浴槽への出入りの補助、洗体時の座
　　　　　位の保持など、入浴動作を安全に行うために利用されるほか、
　　　　　浴室への移動や脱衣などを補助するものもある。
　　　ウ　浴槽の縁にバスボードを設置するときは、利用者の入浴動作
　　　　　や介助のしやすさなどを考慮する必要があり、利用者に片麻痺

がある場合は病状のある患側から浴槽に入れるように設置する。

エ　小児弱視等の治療用眼鏡や補聴器などに代表されるコミュニケーション支援用具は、複数の補完・代替手段を組み合わせて対応することが重要である。

◎　①　ア○　イ×　ウ×　エ○
◎　②　ア×　イ○　ウ×　エ○
◎　③　ア×　イ○　ウ×　エ×
◎　④　ア○　イ×　ウ○　エ×

第6問　浴槽に関する次のア～エの記述について、適切なものを○、不適切なものを×としたとき、正しい組み合わせを①～④から1つ選びなさい。

ア　浴槽には和式浴槽、洋式浴槽、和洋折衷式浴槽があり、一般的には洋式浴槽がよいとされる。

イ　高齢者や障害者向けには、外形寸法で長さが1,100～1,300mm、横幅が700～800mmで、深さは600mm程度にするのが望ましい。

ウ　浴槽は、入浴姿勢でつま先が浴槽壁に届く長さを確保しておくと、高齢者や障害者でも楽な姿勢がとりやすくなる。

エ　浴槽縁の高さは。洗い場床から400～450mm程度になるよう設置する。

◎　①　ア○　イ×　ウ○　エ×
◎　②　ア×　イ○　ウ×　エ○
◎　③　ア×　イ×　ウ○　エ○
◎　④　ア○　イ○　ウ×　エ×

第７問　「まちづくり」の法律に関する次のア～エの記述について、適切
なものを○、不適切なものを×としたとき、正しい組み合わせを
①～④から１つ選びなさい。

ア　「大規模小売店舗立地法（大店立地法）」は、大規模小売店舗
の設置者が配慮すべき事項として、店舗の立地に伴う交通渋滞、
騒音、廃棄物などに関する事項を定め、大型小売店と地域社会
との融和を図ることを目的としている。

イ　「中心市街地活性化法」は、都心への住民回帰を促す目的の
法律である。

ウ　2006（平成18）年に施行された「バリアフリー法」は、
2020（令和２）年に初めて改正された。

エ　改正「バリアフリー法」では、「地域における重点的・一体
的なバリアフリー化の推進」の一環として、市町村等による
「心のバリアフリー」の推進を掲げている。

◎　①　ア○　イ×　ウ×　エ○
◎　②　ア○　イ○　ウ×　エ×
◎　③　ア×　イ○　ウ○　エ○
◎　④　ア○　イ×　ウ○　エ×

第 **4** 回

模擬試験

1回目（　　/　　）

大問1	大問2	大問3	大問4	大問5	大問6	大問7	合計
／11	／7	／12	／16	／9	／24	／21	／100

2回目（　　/　　）

大問1	大問2	大問3	大問4	大問5	大問6	大問7	合計
／11	／7	／12	／16	／9	／24	／21	／100

第1問　次の事項の内容が正しい場合は〇、誤っている場合は×を選びなさい。

　　子どもの減少と高齢者の増加が同時に起こる現象を、少子高齢化という。
◎　〇
◎　×

第2問　次の事項の内容が正しい場合は〇、誤っている場合は×を選びなさい。

　　2017（平成29）年推計の「日本の将来推計人口」によれば、日本の高齢者人口は、団塊の世代が75歳以上の後期高齢者になる2025（令和7）年に向けてさらに激増し、2065（令和47）年には65歳以上の高齢化率が28.4％に達する見込みである。
◎　〇
◎　×

第3問　次の事項の内容が正しい場合は〇、誤っている場合は×を選びなさい。

　　2019（令和元）年の「国民生活基礎調査」によると、日本で65歳以上の高齢者がいる世帯は2019（令和元）年時点で2,558万4千世帯あり、全世帯の59.4％を占めている。
◎　〇
◎　×

第4問 次の事項の内容が正しい場合は○、誤っている場合は×を選びなさい。

　ある年数の人が、その後生きるであろうと期待される平均年数を平均寿命という。

◎　○

◎　×

第5問 次の事項の内容が正しい場合は○、誤っている場合は×を選びなさい。

　良質な住宅ストックの形成や、若年期からの計画的な持ち家取得への支援の推進は、2018（平成30）年に閣議決定された「高齢社会対策大綱」で示された住生活に関する施策内容に盛り込まれている。

◎　○

◎　×

第6問 次の事項の内容が正しい場合は○、誤っている場合は×を選びなさい。

　2018（平成30）年に閣議決定された「高齢社会対策大綱」により、高齢者に住みかえなどの住生活関連資金を提供するリバースモーゲージの普及が図られることになった。

◎　○

◎　×

第7問　次の事項の内容が正しい場合は○、誤っている場合は×を選びなさい。

　日本では、1971（昭和46）年から1974（昭和49）年にかけて第1次ベビーブームの時期に出生数が増加したが、1975（昭和50）年には合計特殊出生率が2.00を下回り、以降は前年を上回る年はあるものの、出生数・合計特殊出生率とも減少傾向にある。

◎　○

◎　×

第8問　次の事項の内容が正しい場合は○、誤っている場合は×を選びなさい。

　2020（令和2）年に閣議決定された「少子化社会対策大綱」が示す5項目の基本的な考え方のうち、「地域の実情に応じたきめ細かな取り組みを進める」では、地方創生と連携した取り組みの推進を重点課題の一つとして挙げている。

◎　○

◎　×

第9問　次の事項の内容が正しい場合は○、誤っている場合は×を選びな
　　　　さい。

　　　　　2003（平成15）年に施行された「支援費制度」は、障害者へ
　　　　の支援が、従来の措置制度から、障害者自らがサービスを選択し
　　　　て事業者と契約を結ぶ形態に転換するきっかけとなった施策であ
　　　　る。
　　　　◎　○
　　　　◎　×

第10問　次の事項の内容が正しい場合は○、誤っている場合は×を選びな
　　　　さい。

　　　　　障害児のみを対象にした「障害児相談支援」も、障害者総合支
　　　　援法に基づいて提供されるサービスの一つである。
　　　　◎　○
　　　　◎　×

第11問　次の事項の内容が正しい場合は○、誤っている場合は×を選びな
　　　　さい。

　　　　　高齢者や障害者の在宅生活に対して、住環境の側面からさまざ
　　　　まな支援を行う福祉住環境コーディネーターには、医療・保健・
　　　　福祉・福祉用具・介護保険制度などのサービスに関する知識も身
　　　　に付ける必要がある。
　　　　◎　○
　　　　◎　×

第1問　次の事項の内容が正しい場合は○、誤っている場合は×を選びなさい。

　　　高齢になると「動作性能力」「言語性能力」とも低下してしまう。

◎　○

◎　×

第2問　次の事項の内容が正しい場合は○、誤っている場合は×を選びなさい。

　　　最後まで満足のいく人生をおくる「ウェル・ビーイング」であるためには、「天寿の全う」「日常生活動作（ADL）の維持」および「社会貢献」の3つの要素が欠かせない。

◎　○

◎　×

第3問　次の事項の内容が正しい場合は○、誤っている場合は×を選びなさい。

　　　世界保健機関（WHO）は、「死亡率」「罹病率」「生活機能」の3つの健康指標のうち、高齢期の健康で最も大切なのは「生活機能」だとしている。

◎　○

◎　×

第4問　次の事項の内容が正しい場合は○、誤っている場合は×を選びな
さい。

　日本では、買い物ができて食事の用意ができるレベル以上の自
立を保っている高齢者が、全体の8割を占めるとされる。

◎　○

◎　×

第5問　次の事項の内容が正しい場合は○、誤っている場合は×を選びな
さい。

　「要支援」「要介護」ということばは、老年学と介護保険制度な
どの行政施策では意味合いが異なる。

◎　○

◎　×

第6問　次の事項の内容が正しい場合は○、誤っている場合は×を選びな
さい。

　「機能障害や活動制限が出れば、当然、社会への参加も制限さ
れる」という考え方自体が、障害者の社会参加を阻むバリアとい
える。

◎　○

◎　×

第7問　次の事項の内容が正しい場合は○、誤っている場合は×を選びな
　　　　　さい。

　　福祉用具や住環境整備は、障害をもった人が充実した在宅生活
をし、社会復帰・社会参加を果たしていくための有効な手段とな
る。

　◎　○

　◎　×

第1問　次の事項の内容が正しい場合は○、誤っている場合は×を選びな
さい。

　1974（昭和49）年に公表された国際連合障害者生活環境専門
家会議報告書「Barrier Free Design」のなかで触れられている「ミ
スター・アベレージ」とは、障壁のない社会を形成するにあって
求められる人物像のことである。

◎　○

◎　×

第2問　次の事項の内容が正しい場合は○、誤っている場合は×を選びな
さい。

　障害者の社会参加を妨げる要因として、「Barrier Free Design」
は物理的な障壁だけでなく、障害への人々の意識といった社会的
障壁にも考慮する必要があり、そのような社会的障壁を取り除く
のは社会の責務だと指摘した。

◎　○

◎　×

第3問　次の事項の内容が正しい場合は○、誤っている場合は×を選びな
さい。

　「Barrier Free Design」は、バリア（障壁）によって特定の人
が社会資源を利用できず、参加できないような状況は改善しがた
い部分があると述べている。

◎　○

◎　×

第4問　次の事項の内容が正しい場合は〇、誤っている場合は×を選びなさい。

　　　ユニバーサルデザインは、バリアフリーとともに国際連合が「Barrier Free Design」で提唱した考え方である。
　◎　〇
　◎　×

第5問　次の事項の内容が正しい場合は〇、誤っている場合は×を選びなさい。

　　　ユニバーサルデザインは「すべての人々に対し、その年齢や能力の違いにかかわらず、（大きな）改造をすることなく、また特殊なものでもなく、半永久的に使いやすい製品や環境のデザイン」と定義される。
　◎　〇
　◎　×

第6問　次の事項の内容が正しい場合は〇、誤っている場合は×を選びなさい。

　　　「障害者白書」は、障害者総合支援法に基づいて1994（平成6）年から政府が毎年国会に提出する、障害者のために講じた施策の概況に関する報告書である。
　◎　〇
　◎　×

第7問　次の事項の内容が正しい場合は〇、誤っている場合は×を選びな
　　　さい。

　　　国際連合が制定した1981（昭和56）年の「国際障害者年」や、
　　1983（昭和58）～1992（平成4）年の「国連・障害者の十年」は、
　　海外でのさまざまなバリアフリー化の取り組みを日本に紹介する
　　契機になった。
　　◎　〇
　　◎　×

第8問　次の事項の内容が正しい場合は〇、誤っている場合は×を選びな
　　　さい。

　　　公益財団法人共用品推進機構は、共用品を「身体的な特性や障
　　害にかかわりなく、すべての人々に利用しやすい製品・施設・
　　サービス」と定義している。
　　◎　〇
　　◎　×

第9問　次の事項の内容が正しい場合は〇、誤っている場合は×を選びな
　　　さい。

　　　共用品が広く普及していくためには、業界全体および業界横断
　　で配慮点を統一し、標準化していくことも重要である。
　　◎　〇
　　◎　×

第10問　次の事項の内容が正しい場合は○、誤っている場合は×を選びなさい。

　　共用品の標準化が求められるなかで、高齢者・障害者配慮設計指針として、はじめて日本工業規格（現・日本産業規格）に制定されたのは、スイッチ部への凸表示である。

◎　○

◎　×

第11問　次の事項の内容が正しい場合は○、誤っている場合は×を選びなさい。

　　つえの高さは、手首あるいは腰の高さに合わせるのが妥当である。

◎　○

◎　×

第12問　次の事項の内容が正しい場合は○、誤っている場合は×を選びなさい。

　　特殊寝台（介護用ベッド）は、ベッド上で生活するための用具ではない。

◎　○

◎　×

第1問　次の事項の内容が正しい場合は○、誤っている場合は×を選びなさい。

　　　住居の玄関から道路までの通路は、通常、ゲートと呼ばれる。

◎　○

◎　×

第2問　次の事項の内容が正しい場合は○、誤っている場合は×を選びなさい。

　　　ミニスロープは表面に滑り止め加工を施すとともに、端部でつまずかないように仕上げる。

◎　○

◎　×

第3問　次の事項の内容が正しい場合は○、誤っている場合は×を選びなさい。

　　　住居の玄関から道路までにある高低差を階段の設置で対応するときは、安全のため勾配をゆるやかにして手すりを取り付ける必要があり、高齢者や障害者が利用する場合の階段の寸法は踏面(ふみづら)150mm以上、蹴上げ(けあ)230mm以下がのぞましい。

◎　○

◎　×

第4回　模擬試験

問題

第4問　次の事項の内容が正しい場合は○、誤っている場合は×を選びなさい。

防湿土間コンクリートを敷設(ふせつ)すれば、木造家屋の床面の高さを450mm以下に下げられるが、通気性や給排水配管などのメンテナンスに問題が生じやすい。

◎　○

◎　×

第5問　次の事項の内容が正しい場合は○、誤っている場合は×を選びなさい。

敷居段差は7mm以下にするのがのぞましい。

◎　○

◎　×

第6問　次の事項の内容が正しい場合は○、誤っている場合は×を選びなさい。

引き戸用レールの一つであるV溝レールはレールが床面から突出せず、つまずきによる転倒の危険性は低いが、床仕上げ材との間のすきまが空きやすい。

◎　○

◎　×

第7問　次の事項の内容が正しい場合は○、誤っている場合は×を選びな
　　　　さい。

　　　　床材を選ぶときは耐久性のみを考慮し、車椅子が通る場合は表
　　　面の仕上げ板の厚さが1mm以上あるものを使用し、車輪のゴ
　　　ム跡が目立ちにくい色にする。
　　　◎　○
　　　◎　×

第8問　次の事項の内容が正しい場合は○、誤っている場合は×を選びな
　　　　さい。

　　　　身体支持用の手すりのうち、からだの位置を移動させるときに
　　　使うハンドレールは、動線上を往復することを考えると片側に設
　　　置することがのぞましい。
　　　◎　○
　　　◎　×

第9問　次の事項の内容が正しい場合は○、誤っている場合は×を選びな
　　　　さい。

　　　　据置式の手すりをトイレの床面に固定する場合、それがたとえ
　　　簡易な工事であっても建築工事とみなされる。
　　　◎　○
　　　◎　×

第10問　次の事項の内容が正しい場合は○、誤っている場合は×を選びな
　　　　さい。

　　　机を選ぶ際には、高さだけでなく、テーブル板（天板）の厚さ
　　や机の脚なども考慮に入れる。
　　◎　○
　　◎　×

第11問　次の事項の内容が正しい場合は○、誤っている場合は×を選びな
　　　　さい。

　　　高齢者の熱中症は日中に発症することが多く、就寝中の冷房方
　　法に配慮する必要はない。
　　◎　○
　　◎　×

第12問　次の事項の内容が正しい場合は○、誤っている場合は×を選びな
　　　　さい。

　　　一人暮らしや高齢者だけで暮らしているケースなどで、非常時
　　の通報先として警備会社と契約する場合は、設備を設置したとき
　　にかかるイニシャルコストとともに、設備の保全や維持などにか
　　かる月々のランニングコストも考慮に入れる。
　　◎　○
　　◎　×

第13問　次の事項の内容が正しい場合は○、誤っている場合は×を選びな
さい。

　　　　住居の敷地内で住居の周りに造られる庭、生垣、塀などのこと
　　　を外構という。
　　◎　○
　　◎　×

第14問　次の事項の内容が正しい場合は○、誤っている場合は×を選びな
さい。

　　　　引き分け戸は片方の戸しか開けられず、間口が小さくなる。
　　◎　○
　　◎　×

第15問　次の事項の内容が正しい場合は○、誤っている場合は×を選びな
さい。

　　　　寝室の床をカーペット敷きにするときは、クッション性があり、
　　　部屋にあわせて簡単にカットできるタイルカーペットの使用が適
　　　する。
　　◎　○
　　◎　×

第16問 次の事項の内容が正しい場合は○、誤っている場合は×を選びなさい。

日本では、消防法改正などにより新築住宅にのみ住宅用火災警報器の設置が義務づけられている。

◎　○

◎　×

第1問　次の事項の内容が正しい場合は〇、誤っている場合は×を選びな
さい。

　　　夫婦のみ、あるいは夫婦（親）と子どもだけの世帯構成である
核家族は、高度経済成長期に都市部に出てきた世代が構えた世帯
であり、昭和30年代にはニュータウンと呼ばれる核家族向けの
住宅団地の造成が進められた。
◎　〇
◎　×

第2問　次の事項の内容が正しい場合は〇、誤っている場合は×を選びな
さい。

　　　1970年代にアメリカで広まった自立生活運動（IL運動）は、
高齢であっても主体的な生活を営む権利があることを社会に訴え
た運動である。
◎　〇
◎　×

第4回　模擬試験

問題

第3問　次の事項の内容が正しい場合は〇、誤っている場合は×を選びな
さい。

　　　郊外の一戸建てから利便性の高い都心の集合住宅に住み替える
ような都心回帰の動きや、地方出身者の都会から地方へのUター
ンやJターン、故郷以外の地域に移住するCターンなど、現代で
は暮らし方も多様化している。
◎　〇
◎　×

第4問　次の事項の内容が正しい場合は〇、誤っている場合は×を選びなさい。

　　高齢者向けの住宅の一つであるケアハウスは、自宅での独立した生活に不安があり、家族からの援助が困難な人（原則60歳以上）が入居できる老人福祉施設である。

◎　〇

◎　×

第5問　次の事項の内容が正しい場合は〇、誤っている場合は×を選びなさい。

　　2006（平成18）年の介護保険法改正に伴う地域包括支援センター創設により、1989（平成元）年以降、全国で整備が進められた在宅介護支援センターは、その多くが地域包括支援センターに移行した。

◎　〇

◎　×

第6問　次の事項の内容が正しい場合は〇、誤っている場合は×を選びなさい。

　　介護実習・普及センターは、介護職を希望する人を対象に介護知識や介護技術の講習会を行う機関である。

◎　〇

◎　×

第7問　次の事項の内容が正しい場合は○、誤っている場合は×を選びな
　　　　さい。

　　　　　一般社団法人移住・住みかえ支援機構は、親子が住宅ローンの
　　　　債務を継承して返済する親子リレー返済（承継償還制度）を実施
　　　　している。
　　　　◎　○
　　　　◎　×

第8問　次の事項の内容が正しい場合は○、誤っている場合は×を選びな
　　　　さい。

　　　　　子育て世代とこれを支援する親などの親族世帯の双方が、同一
　　　　あるいは隣接・近接するUR団地に居住する場合、UR都市機構（独
　　　　立行政法人都市再生機構）は、新たに入居する世帯の家賃を5年
　　　　間割り引く制度を実施している。
　　　　◎　○
　　　　◎　×

第9問　次の事項の内容が正しい場合は○、誤っている場合は×を選びな
　　　　さい。

　　　　　さまざまな対人支援の計画を立てるうえで、アセスメント（事
　　　　前評価）の段階で支援対象者のリアルニーズ（真のニーズ）を見
　　　　極めることはとても重要である。
　　　　◎　○
　　　　◎　×

第1問　日本の高齢者施策に関する次の①〜④の記述の中で、その内容が最も不適切なものを1つ選びなさい。

◎ ①　1995（平成7）年に制定・施行された「高齢社会対策基本法」に基づき、1996（平成8）年に「高齢社会対策大綱」が公表された。

◎ ②　「高齢社会対策大綱」は、2001（平成13）年と2012（平成24）年に新たなものが閣議決定され、2012年以降はおおむね5年を目途に必要に応じて見直すことが明記された。

◎ ③　2018（平成30）年の「高齢社会対策大綱」では、「就業・所得」など5つの分野ごとに施策の指針が示されている。

◎ ④　2018（平成30）年の「高齢社会対策大綱」は、「生活環境」の分野で「豊かで安定した住生活の確保」を施策の一つに掲げ、「高齢者の居住の安定確保」などの内容を明示した。

第2問　日本の少子化対策に関する次の①〜④の記述の中で、その内容が最も不適切なものを1つ選びなさい。

◎ ①　日本で「少子化」の問題が認識され、対策が講じられるようになったのは1990（平成2）年からである。

◎ ②　最初に示された具体的な計画は1994（平成6）年策定の「エンゼルプラン」であり、5年後の1999（平成11）年には「新エンゼルプラン」が策定された。

◎ ③　歯止めのかからない少子化傾向に対して、2003（平成15）年には「少子化社会対策基本法」が成立し、これに基づいて2004（平成16）年には「少子化対策プラスワン」が策定された。

◎ ④　「少子化社会対策大綱」は2010（平成22）年の見直しで「子ども・子育てビジョン」と名称が変わったのち、2015（平成27）年の見直しで再び「少子化社会対策大綱」の名に戻り、

2020（令和2）年には総合的かつ長期的な少子化に対処するための指針として、4度目の見直しが行われた。

第3問 日本の「障害者総合支援法」基づくサービス（以下「障害者へのサービス」）に関する次の①〜④の記述の中で、その内容が最も不適切なものを1つ選びなさい。

◎ ① 「障害者へのサービス」は「自立支援給付」と「地域生活支援事業」に大別され、どちらも全国一律の基準で実施されている。

◎ ② 自立支援給付には、「障害福祉サービス」「相談支援」「自立支援医療」「補装具」などがある。

◎ ③ 障害福祉サービスを利用する際は、障害支援区分の認定を受けなければならない。

◎ ④ 「障害者へのサービス」の利用にあたっては、支給決定前のアセスメント段階から、ケアマネジメントが継続して実施されている。

第4問 ロートンの「生活機能の7段階の階層モデル」（以下「ロートンのモデル」）に関する次の①〜④の記述の中で、その内容が最も不適切なものを1つ選びなさい。

◎ ① 「ロートンのモデル」のうち、自立できているかどうかの境になるのは「身体的自立」の段階である。

◎ ② 「ロートンのモデル」のうち、「手段的自立」は自分で食事を用意でき、金銭管理や買い物などにも出かけられる段階である。

◎ ③ 「ロートンのモデル」のうち、「社会的役割」は社会的貢献ができる段階で、生活機能レベルが最も高い。

◎ ④ 「ロートンのモデル」で「身体的自立」の段階以上のレベ

ルにない場合、虚弱（要支援）高齢者と判断される。

第5問　**高齢者の食事に関する次の①〜④の記述の中で、その内容が最も不適切なものを1つ選びなさい。**

◎　①　高齢者の自立を支えるのは健康であり、健康維持には食生活の充実が欠かせない。

◎　②　高齢者の低栄養は余命を短くする。

◎　③　高齢者のエネルギー必要量は若い人よりも低くなっており、その分、たんぱく質の摂取も少なめでよい。

◎　④　野菜は緑・黄・白を組み合わせてとるようにし、過度な減塩は避け、よく噛んで食べることを心がける。

第6問　**高齢者の運動に関する次の①〜④の記述の中で、その内容が最も不適切なものを1つ選びなさい。**

◎　①　高齢者が運動やスポーツを行う第一の目的は、生活機能の維持・向上にある。

◎　②　日常生活で最も必要とされる動作は歩くことであり、歩行能力を少しでも長く維持するために、自立高齢者は1日最低10,000歩程度を目安に歩くようにする。

◎　③　高齢者は若い人以上に準備運動を行い、極端に寒い日や暑い日は運動を控え、食後2時間以内の運動は避け、脱水にも注意する必要がある。

◎　④　足腰の筋力やバランス感覚を鍛える体操やスクワットは、転倒予防にも役立つ。

第7問　ヘルスプロモーションに関する次の①〜④の記述の中で、その内容が最も不適切なものを1つ選びなさい。

◎①　世界保健機関（WHO）は、1986（昭和61）年に採択したオタワ憲章のなかで、ヘルスプロモーションを「人々がみずからの健康をコントロールし、改善することができるようにするプロセスである」と定義している。

◎②　ヘルスプロモーションを実践するには、「食生活と栄養」「生涯体育」「生涯学習」「口腔機能の改善」「生活環境」の5つがポイントとなる。

◎③　「生涯体育」のプログラムとして、自立高齢者にはウォーキングなどの有酸素運動によって、赤筋（遅筋線維）を特に鍛えることが求められている。

◎④　要介護状態となるおそれの高い高齢者への「生涯体育」で大切なのは、個々に対応した個別のプログラムが必要になることと、生活の中で運動の意義を知ってもらうことである。

第8問　ISO/IECガイド71に関する次の①〜④の記述の中で、その内容が最も不適切なものを1つ選びなさい。

◎①　ISO/IECガイド71は日本が国際標準化機構（ISO）に提案し、2001（平成13）年に制定された。

◎②　ISO/IECガイド71では、国際的な基準として「アクセシブルデザイン」という概念が登場する。

◎③　ISO/IECガイド71は、2014（平成26）年12月に改訂され、その対象をはじめから「すべての人のために」使いやすさを追求するものとした。

◎④　改訂版のISO/IECガイド71では、新たに「アクセスビリティ目標」という理論的な章を設けている。

第1問　日本のバリアフリーやユニバーサルデザインへの取り組みに関する次のア〜エの記述について、適切なものを○、不適切なものを×としたとき、正しい組み合わせを①〜④から1つ選びなさい。

　ア　1969（昭和44）年に宮城県仙台市で始まった「福祉のまちづくり」は、バリアフリー化によるまちづくり活動が全国に拡がる先駆けとなった。

　イ　1973（昭和48）年に当時の建設省は、まず老人だけを対象に通行の安全と利便を図る目的で「歩道および立体横断施設の構造について」という通達を出した。

　ウ　京都府京都市が2005（平成17）年4月に施行した「京都市みやこユニバーサルデザイン推進条例」は、ユニバーサルデザインに関連したわが国初の条例である。

　エ　2005（平成17）年には、4月の「京都市みやこユニバーサルデザイン推進条例」施行に続き、7月に国土交通省が策定した「ユニバーサルデザイン政策大綱」が公表されている。

　◎　①　ア○　イ×　ウ○　エ×
　◎　②　ア×　イ○　ウ×　エ○
　◎　③　ア○　イ×　ウ×　エ○
　◎　④　ア×　イ○　ウ○　エ×

第2問　福祉用具に関する次のア〜エの記述について、適切なものを○、不適切なものを×としたとき、正しい組み合わせを①〜④から1つ選びなさい。

　ア　福祉用具は、障害者や高齢者を対象に特別な配慮を施した用具である。

　イ　福祉用具は、車椅子・つえ・補聴器といった製品ごとに分類され、使用者の状況により選択や使い方が異なる。

　ウ　福祉用具を導入するときは、使用者や家族の状況や生活環境、

用具の機能やコストなどを考慮する必要がある。

エ　一般に福祉用具といわれるものは、貸与種目と購入種目の区
　　別はあるものの、すべて介護保険の給付対象となる。

◎　①　ア○　イ○　ウ×　エ×

◎　②　ア×　イ○　ウ×　エ○

◎　③　ア×　イ×　ウ○　エ○

◎　④　ア○　イ×　ウ○　エ×

第3問　日本の住居に関する次のア〜エの記述について、適切なものを○、
　　　不適切なものを×としたとき、正しい組み合わせを①〜④から1
　　　つ選びなさい。

ア　「上がりがまち段差」は180mm以下にするのが目安だが、
　　居住者の身体機能を把握したうえで、1回の昇降で安全かつ容
　　易に越えられる段差を実測し、それに合わせる必要がある。

イ　車椅子を使用するときは、玄関の土間の奥行きを有効寸法で
　　1,100m以上確保する。

ウ　コンクリートの流し込みによる床面のかさ上げで浴室の出入
　　り口段差を解消するときは、出入り口前に排水溝を設け、その
　　上部にグレーチングを敷設する。

エ　洗い場にすのこを敷き詰めることで浴室の出入り口段差を解
　　消するときは、浴槽縁の高さをすのこから600mm程度にする。

◎　①　ア○　イ×　ウ×　エ○

◎　②　ア○　イ×　ウ○　エ×

◎　③　ア×　イ○　ウ×　エ○

◎　④　ア×　イ○　ウ○　エ×

第4問　日本の介護保険制度と住宅改修に関する次のア〜エの記述について、適切なものを○、不適切なものを×としたとき、正しい組み合わせを①〜④から1つ選びなさい。

　ア　段差の解消は、介護保険の住宅改修費の支給対象項目であり、すのこを置くことによる浴室の段差解消もこれに含まれる。

　イ　ミニスロープの設置で和洋室の段差解消を図るとき、工事を伴う場合は介護保険の住宅改修費の支給対象となり、工事を伴わない場合は介護保険の福祉用具貸与の対象となる。

　ウ　階段昇降機やホームエレベーターも介護保険に住宅改修費の支給対象に含まれる。

　エ　浴槽用の手すりは、介護保険の福祉用具購入費に対象となる特定福祉用具の一つである。

◎　①　ア○　イ×　ウ○　エ×
◎　②　ア×　イ○　ウ○　エ×
◎　③　ア○　イ×　ウ×　エ○
◎　④　ア×　イ○　ウ×　エ○

第5問　寝室の環境整備に関連する次のア〜エの記述について、適切なものを○、不適切なものを×としたとき、正しい組み合わせを①〜④から1つ選びなさい。

　ア　年齢にかかわらず、寝るときは布団でもベッドでもどちらでもよい。

　イ　ベッドを設置する際の寝室の広さは、1人用で6〜8畳、車椅子を利用するときは8畳は必要となり、夫婦用であれば8〜12畳確保するのが望ましい。

　ウ　プライバシーを守るため、寝室には窓の上部を室内側に倒して開閉する内倒し窓が適している。

　エ　寝室では、ベッド上で照明の光源が直接眼に入ることがない

ように、照明器具の位置や形状を工夫する必要がある。

◎ ①　ア○　イ×　ウ×　エ○
◎ ②　ア×　イ○　ウ×　エ○
◎ ③　ア×　イ○　ウ×　エ×
◎ ④　ア○　イ×　ウ○　エ×

第6問　日本の住環境整備に関する次のア～エの記述について、適切なも
　　　　のを○、不適切なものを×としたとき、正しい組み合わせを①～
　　　　④から1つ選びなさい。

ア　生活環境を含めたわが国の高齢社会対策の基本的枠組みは、
　　1996（平成8）年に初めて策定された「高齢社会対策大綱」
　　に基づいている。
イ　2000（平成12）年に開始された「住宅性能表示制度」は、
　　1999（平成11）年制定の「住宅品確法」に基づく制度であり、
　　高齢者等への配慮も定められている。
ウ　2001（平成13）年に公表された「高齢者が居住する住宅の
　　設計に係る指針」は、同年制定の「高齢者住まい法」に基づき
　　策定されたもので、現在に至る住宅のバリアフリー化の指針で
　　ある。
エ　2006（平成18）年制定の「住生活基本法」は住宅政策の新
　　しい憲法ともいえるが、住居確保に困窮している人々へのセー
　　フティネット構築までは踏み込んでいない。

◎ ①　ア○　イ×　ウ○　エ×
◎ ②　ア×　イ○　ウ○　エ×
◎ ③　ア×　イ○　ウ×　エ○
◎ ④　ア○　イ×　ウ×　エ○

第7問　「まちづくり」に関する次のア～エの記述について、適切なもの
　　　　を〇、不適切なものを×としたとき、正しい組み合わせを①～④
　　　　から1つ選びなさい。

　　　ア　まちづくりは一人ひとりの思いや気づきがその第一歩であ
　　　　　り、その思いをもとに自らが積極的にかかわりをもち、他の地
　　　　　域住民や専門家、事業者、行政などとも連携することで進めら
　　　　　れていく。
　　　イ　地域住民や事業者の意見は地方公共団体の定める都市計画に
　　　　　は反映されるが、関係権利者の多数決で取り決められる建築協
　　　　　定には反映されない。
　　　ウ　「福祉のまちづくり条例」は、地方自治法第14条を根拠に地
　　　　　方公共団体が制定するもので、法的な強制力や拘束力は弱い。
　　　エ　地域防災計画は、1968（昭和43）年に制定された「都市計
　　　　　画法」の1992（平成4）年改正に伴って創設された。
　　　◎　①　ア〇　イ×　ウ〇　エ×
　　　◎　②　ア〇　イ〇　ウ×　エ×
　　　◎　③　ア×　イ〇　ウ×　エ〇
　　　◎　④　ア×　イ×　ウ〇　エ〇

解答・解説

第1回模擬試験　解答・解説

第1章　暮らしやすい生活環境をめざして

第1問 【正答】 ×
　　高齢者とは65歳以上の人のことを指し、2021（令和3）年12月1日の概算値では日本の高齢者人口は過去最高の3,624万人で、全体の約28.9％を占めている。（テキスト p.2）

第2問 【正答】 ×
　　2017（平成29年）推計の「日本の将来推計人口」によると、わが国における**65歳以上の高齢者率は、2065（令和47）年には38.4％に達する**と見込まれている。（テキスト p.2）

第3問 【正答】 ○
　　2019（令和元）年の**合計特殊出生率は1.36で、過去最低水準だった2005（平成17）年の1.26よりはやや持ち直しているものの、依然低い水準**にある。（テキスト p.2）

第4問 【正答】 ×
　　2019（令和元）年の「国民生活基礎調査」によれば、**65歳以上の高齢者がいる世帯は2019（令和元）年時点**で2,558万4千世帯を数え、**全世帯**（5,178万5千世帯）**の49.4％**を占めている。（テキスト p.3）

第5問 【正答】 ○
　　2012（平成24）年の高齢社会対策大綱では、①「高齢者」の捉え方の意識改革、②老後の安心を確保するための社会保障制度の確立、③高齢者の意欲と能力の活用、④地域力の強化と安定的な地域社会の実現、⑤安全、安心な生活環境の整備、⑥若年期から「人生90年代時代」への備えと世代循環の実現の6つを、基本的な考え方として掲げている。（テキスト p.6）

第6問　【正答】　○

　2018（平成30）年の高齢社会対策大綱は、①就業・所得、②健康・福祉、③学習・社会参加、④生活環境、⑤研究開発・国際社会への貢献等、⑥全ての世代の活躍推進の6つの分野で、施策の指針を示した。（テキスト p.7）

第7問　【正答】　×

　2018（平成30）年の高齢社会対策大綱で示された6つの分野での施策指針のうち、**生活環境**で掲げられた「**豊かで安定した住生活の確保**」では、その具体的な指針として「**次世代への継承可能な良質な住宅の供給促進**」「**循環型の住宅市場の実現**」「**高齢者の居住の安定確保**」が示されている。（テキスト p.7）

第8問　【正答】　×

　2020（令和2）年に閣議決定された**少子化社会対策大綱**では、「**希望出生率1.8**」の実現に向け、令和の時代にふさわしい環境を整備するとし、その基本的な考え方として「**結婚・子育て世代が将来にわたる展望を描ける**環境をつくる」など、5つの項目を取り上げている。（テキスト p.9）

第9問　【正答】　○

　2020（令和2）年に閣議決定された**少子化社会対策大綱では、子育てしやすい住宅の整備**の推進のため、「融資・税制を通じた住宅の取得等の支援」「**良質なファミリー向け賃貸住宅の供給促進**」「新たな住宅セーフティネット制度の推進」など、9つの項目を取り上げている。（テキスト p.10～11）

第10問　【正答】　×

　従来型の**日本の住宅**は、玄関の**上がりがまち**など**段差が多く**、廊下や階段などの幅員が**尺貫法**の強い影響で狭くなりがちで、福祉用具の使用には適していないなど、**高齢者にとっては安全・安心・快適な空間とは言い難い。**（テキスト p.17～18）

第11問　【正答】　×

　厚生労働省の「**令和2年 人口動態統計**」によると、住宅内で発生する「**家庭内事故**」により**年間約1万2千人の高齢者が死亡**し、なかでも**入浴中に溺死**する高齢者が最も多くなっている。（テキスト p.18～19）

第2章　健康と自立をめざして

第1問　【正答】　×
　　確かに、高齢になると若いときのような動きをするのは困難であり、慢性の病気にかかりやすくなるが、**実際には自立生活をおくり、元気で長生きしている高齢者が大多数**である。（テキスト p.48）

第2問　【正答】　○
　　今日の老年学の研究結果では、**元気な日常生活をおくっている高齢者のさまざまな能力**は、加齢とともに必ずしも直線的に下降するとは限らず、**健康はかなりよい状態で保たれ続け、死の比較的直前に直下型に低下**することが明らかになっている。（テキスト p.48～49）

第3問　【正答】　×
　　元気な高齢者を対象に行われた日本の追跡調査によれば、「**動作性能力**」は**加齢とともに下降**するが、「**言語性能力**」は**70代から80代になっても低下せず、むしろ上昇**し、両者を総合した知能テストでは、加齢による下降はみられないという結果が出ている。（テキスト p.49）

第4問　【正答】　○
　　世界保健機関（**WHO**）が1984（昭和59）年に出した提言。高齢者は「一病息災」でよしとし、病気にかかっているかどうかよりも、**自立して生活できるかどうかが高齢者にとって最も大切な健康基準**になる。（テキスト p.51）

第5問　【正答】　○
　　食事には、単に栄養素を補えばよいという以外のさまざまな役割が含まれ、高齢者にとって**よりよい食事のしかた、栄養のとり方**を実践することは、**多方面から自立生活を支える**ことになる。（テキスト p.55）

第6問　【正答】　×
　　高齢者の食事量は若い人よりも少ないことが多く、**極端な食塩の制限は不要**で、食欲低下をまねくような食塩の制限は好ましくない。**減塩が必要な場合は香草やスパイスなどを上手に使う**よう心がける。（テキスト p.56）

第7問 【正答】 ○

　人間が長寿になったため、認知症が増えたともいえる。このため、栄養バランスのとれた食事や、身体活動、知的活動の実践は、認知症予防にもつながると考えられる。また、**脳血管性の認知症**では、**脳血管疾患の予防**がそのままこのタイプの認知症発症の予防につながる。（テキスト p.64）

第3章 バリアフリーとユニバーサルデザイン

第1問 【正答】 ×

　バリアフリーが世界的に広まるきっかけになったのは、1974（昭和49）年 に発表された**国際連合障害者生活環境専門家会議報告書「Barrier Free Design」**であり、日本が発表した1995（平成7）年版の障害者白書ではない。（テキスト p.78）

第2問 【正答】 ○

　「Barrier Free Design」では、「**ミスター・アベレージ**」（平均的な人体寸法の男性）という**実際には存在しない人を想定して建築物などが整備されてき** たために、**障害があるという理由で想定から外れた人が使えない**ような環境がつくられていると指摘している。（テキスト p.78）

第3問 【正答】 ○

　「Barrier Free Design」ではさらに、**身体的・精神的な障害がある人の生活にさまざまな制約を生んでいる**のは、物理的な障壁や社会的な障壁といった**人間がつくり出した要因による障壁**だと指摘している。（テキスト p.78）

第4問 【正答】 ×

　公共施設を利用すること、働くこと、教育を受けること、文化に接すること、スポーツ等を楽しむこと、公共交通機関を利用すること、住宅を選ぶことは、**障害のあるなしにかかわらず人々に保障されるべき権利**であり、「**Barrier Free Design**」はそれを**実現するための環境整備**の必要性を説いている。（テキスト p.78）

第5問 【正答】 ○

　日本の**1995（平成7）年版**の**障害者白書**（副題：「バリアフリー社会をめざして」）では、生活環境にある障壁（バリア）として**物理的、制度、文化・情報、意識の4点**を指摘し、そのうえでバリアのない社会環境の必要性を説いている。（テキスト p.78～79、p.84）

第6問 【正答】 ×

　ユニバーサルデザインの名称は、アメリカの建築家で製品デザイナーであった**ロナルド・メイス**（Mace, R.L.）が**1985（昭和60）年に雑誌で発表**したもの。この中でメイスは、建物や施設を追加の費用なく、あるいは最低の費用で、すべての人にとって機能的で魅力的にデザインする方法がユニバーサルデザインだと述べている。（テキスト p.79）

第7問 【正答】 ○

　ユニバーサルデザインの7原則は、①だれにでも使用でき、入手できること、②柔軟に使えること、③使い方が容易にわかること、④使い手に必要な情報が容易にわかること、⑤間違えても重大な結果にならないこと、⑥少ない労力で効率的に、楽に使えること、⑦アプローチし、使用するのに適切な広さがあることの7つ。（テキスト p. 80）

第8問 【正答】 ×

　障害者への差別を禁止し、社会参加の促進や環境整備を図ることを目的に**1990（平成2）年に制定された**アメリカの法律**はADA（障害をもつアメリカ人法）**。**ハートビル法**は**1994（平成6）年に制定された**日本の法律で、「**高齢者、身体障害者等が円滑に利用できる特定建築物の建築の促進に関わる法律**」が正式な名称。（テキスト p.82）

第9問 【正答】 ×

　日本で2006（平成18）年に制定・施行された**バリアフリー法の正式名称**は、「高齢者、障害者等の移動等の円滑化の促進に関する法律」。「高齢者、身体障害者等の公共交通機関を利用した移動の円滑化の促進に関する法律」は2000（平成12）年に制定された**交通バリアフリー法の正式名称**で、バリアフリー法の制定に伴い、ハートビル法とともに廃止された。（テキスト p.82）

第10問 【正答】 ○

　1999（平成11）年に設立された（**公財**）**共用品推進機構**による**定義**。共用品は**福祉用具をもとにしてつくられたもの**と、**一般製品をもとにしてつくられたもの**に大別される。（テキスト p.86）

第11問 【正答】 ○

　「**ISO/IECガイド71**」（高齢者及び障害のある人々のニーズに対応した規格作成配慮指針）は、日本産業標準調査会（JISC）が**ISO**（**国際標準化機構**）にガイド作成を提案したことをきっかけに2001（平成13）年に制定された共用品の国際的な規格基準。**IEC**（**国際電気標準会議**）は、ISOが発足した 1947（昭和22）年以降は、ISOの電気・電子部門を担う。（テキスト p.92、p.94）

第12問 【正答】 ×

　福祉用具は低下した身体機能を補う道具として発達してきたが、現在は**身体機能の補完にとどまらず、QOL（生活の質）の向上や自立、社会参加の促進、人間としての尊厳の回復**をめざすための役割も期待されている。（テキスト p.96）

第4章 安全・安心・快適な住まい

第1問 【正答】 ○

　高齢者は**加齢とともに視機能や下肢機能が低下**していき、**わずかな段差でも転倒しやすい**。場合によっては、転倒による手の**橈骨遠位端骨折**や足の**大腿骨近位端骨折**が原因で**寝たきり**になることもある。（テキスト p.123）

第2問 【正答】 ○

　車椅子やシャワー用車椅子など**車輪の付いている**福祉用具で移動する場合、その環境整備として**段差の解消**は**必須条件**である。（テキスト p.123）

第3問 【正答】 ×

　道路から玄関までの段差解消を**スロープ設置**で対応するとき、その**勾配**はできるだけ緩やかなほうがよく、**少なくとも1/12**（水平距離12mで高低差1m）は**確保**する。またスロープには、**昇降中に車椅子が脱輪しないように側面**

に立ち上がりを付ける。(テキスト p.123～124)

第4問 【正答】 ○

　和・洋室間の段差解消ための**最も簡便**な改修方法は**ミニスロープ**の設置である。その際には両端でつまずくことがないように、**端部もミニスロープ状に仕上げ**ておく。なおミニスロープは、介護保険制度における住宅改修費の支給対象項目に該当する。(テキスト p.124～125)

第5問 【正答】 ×

　床面と引き戸の下枠(敷居)**との段差を解消**するには、**床面**(床板)に**フラットレールを設置**するか、**V溝レールを埋め込む**方法がとられる。ミニスロープは使わない。(テキスト p.125～126)

第6問 【正答】 ×

　手すりは、**通路や階段などでからだの位置を移動**させるときに手を滑らせて使う**ハンドレール**(handrail)と、**玄関やトイレなどでの移乗や立ち座り動作**のときにしっかり握って使う**グラブバー**(grab bar)に大別される。設問はグラブバーの説明。(テキスト p.127～128)

第7問 【正答】 ×

　間柱の幅は**35～40mm**ほどで柱の幅よりも細く、**手すりの受け金具が門柱**から**はみ出してしまい、木ネジが利きにくい**。よって、手すりを門柱に木ネジで留めることは避ける。(テキスト p.128)

第8問 【正答】 ○

　住宅でよく見られる建具は**片開き戸、片引き戸、引き違い戸、折れ戸**の4種類。このうち、片開き戸では開閉時のからだの前後移動が大きくなるのに対して、片引き戸では開閉時のからだの前後移動がほとんどない。(テキスト p.130)

●図1　建具の主な種類と特徴

片開き戸　　　　片引き戸　　　　引き違い戸　　　　折れ戸

第9問　【正答】　×

　基準寸法が910mm（3尺）で造られる木造住宅での建具の幅は、**枠の内法**（うちのり）で通常**700mm**よりも小さい。住宅内で介助用車椅子やシャワー用車椅子を使用するときは、**直角に曲がって建具を通行**することを想定し、**建具の有効寸法を750mm以上確保**するようにする。（テキスト p.131）

第10問　【正答】　○

　住居内の介助・移動スペースを確保するための改修・改築方法には、**壁・柱を取り外す方法**と建築設計の基準となる寸法（モジュール）を**ずらす方法**がある。壁・柱を取り外すにはそれが可能かどうか、**事前に設計者や施工者にも十分に確認**してから改修方針を決める。一方、**モジュールをずらす方法**は**新築や大規模増改築**に適している。（テキスト p.133～135）

第11問　【正答】　×

　収納扉は、開閉時にからだの前後の動きが少なくてすむ**引き戸**にするのが原則。開閉時にからだの前後の動きが大きくなる**開き戸**は**不適**。なお、**折れ戸**は開閉時に折れた戸の部分に指を挟むこともあるので、**ショールームなどで無理なく使えるか確認**しておく。（テキスト p.137）

第12問　【正答】　○

　高齢者には若齢者よりも高い照度が必要だが、明るすぎるとまぶしく感じ、適切な照度でないと目が疲労してしまうことになる。また、玄関・廊下・階段などの照明には、**明るさ感知式スイッチ**や**人感スイッチ**を採用すると経済的で、消し忘れも防げる。（テキスト p.138〜139）

第13問　【正答】　○

　室間温度差で生じる**ヒートショック**は、**心筋梗塞**や**脳血管障害**の**原因**にもなりうる。ヒートショックを防ぐためにも室間温度差のない住居を考えることは重要。（テキスト p.140）

第14問　【正答】　×

　玄関の**上がりがまち段差**を小さく分割するために**踏台**を置くときは、**階段1段分より広め**にとり、進行方向から見て**幅500mm以上、奥行き400mm以上**とする。また、踏台上で靴の着脱するときにバランスを崩すことがあるので、手すりも設置する。（テキスト p.150）

第15問　【正答】　×

　トイレでの排泄介助が必要なときは、**便器側方および前方に500mm以上の介助スペース**を確保する。**一般的なトイレのスペース**は内法寸法で**間口750mm×奥行き1,200mm**だが、内法寸法で**間口を1,350mm、奥行きを1,650mm程度まで拡げて**おけば、将来の介助スペース確保にも役立つ。（テキスト p.157〜158）

第16問　【正答】　○

　住環境を整備するためには、高齢者や障害者だけでなく、**妊婦や子どもへの日常生活上の配慮も欠かせない**。たとえば幼少期の子どもに対しては、ベランダなどの柵の乗り越えで起こる**転落事故防止**のため、**柵のそばには子どもが上がってしまうような物を置かない**などの対応が必要になる。（テキスト p.176〜178）

第5章　安心できる住生活とまちづくり

第1問　【正答】　○

　世帯構成から見た住まいの形態は、**多世代同居（大家族）、隣居、近居、核家族、独居（単身）、非家族同居**に分けることができる。このうち**隣居や近居**は、欧米でも「**スープの冷めない距離**」といわれるように、親世代と子世代の理想的な関係のライフスタイルだとされる。（テキスト p.183）

第2問　【正答】　×

　「公営住宅法」の改正に伴い、**2006（平成18）年2月**からは**高齢者や身体障害者**に加えて、**知的障害者や精神障害者**にも**公営住宅への単身入居が認められている**。（テキスト p.184～185）

第3問　【正答】　×

　優良な高齢者向け賃貸住宅の確保を主たる目的として、2001（平成13）年に制定されたのは「**高齢者の居住の安定確保に関する法律（高齢者住まい法）**」で、「住宅の品質確保の促進等に関する法律（住宅品確法）」ではない。（テキスト p.185）

第4問　【正答】　○

　「高齢者が居住する住宅の設計に係る指針」は、**2001（平成13）年**制定の「**高齢者住まい法**」の基本方針に基づいて策定された**住宅バリアフリー化の新たな設計指針**。この指針の策定に伴い、1995（平成7）年に発表された「**長寿社会対応住宅設計指針**」は**廃止**された。（テキスト p.192）

第5問　【正答】　×

　都道府県営や市町村営の新設するすべての**公営住宅**が**1991（平成3）年度**から**高齢化対応仕様を標準化**したのに対し、**UR都市機構（旧・住宅・都市公団）**の**賃貸住宅**は同じく**1991（平成3）年度**から、**新設するすべての住宅での高齢化対応仕様**を標準化した。なお、地方住宅供給公社の賃貸住宅は1995（平成7）年度から、新設するすべての住宅での高齢化対応仕様を標準化している。（テキスト p.193）

第6問 【正答】 ×

増改築相談員は、**10年以上の実務経験者**が所定の**研修と考査**に合格したのちに、**公益財団法人住宅リフォーム・紛争処理支援センター**に増改築相談員として**登録**して認められる専門職種。同センターの実施する検定試験の合格者は**マンションリフォームマネジャー**。(テキスト p.195)

第7問 【正答】 ○

2006（平成18）年制定の「**住生活基本法**」は、戦後の日本における住宅政策を抜本的に見直し、豊かな住生活の実現を図るための基本理念や新たな長期計画について定めた法律で、**新しい住宅政策の憲法**ともいえる。(テキストp.205)

第8問 【正答】 ×

国の策定する「**住生活基本計画（全国計画）**」は、おおむね**5年ごと**に**見直される**。最も新しい計画は2021（令和3）年に策定された。(テキスト p.205～206)

第9問 【正答】 ○

都市計画マスタープランは、**1992（平成4）**年の「**都市計画法**」改正に伴い、「**市町村の都市計画に関する基本的な方針**」として新たにつくられた制度。ワークショップの実施や素案に対する意見の募集など、計画の策定段階から住民が参加して、市町村とともに計画を立案していく。(テキスト p.222)

第1章～第5章　四択問題1

第1問 【正答】 ②

① 適切。ただし65歳以上の高齢者人口は過去最高の3,624万人で、全体の28.9％を占めるに至った。(テキスト p.2)

② 不適切。**団塊の世代**とは、**1947（昭和22）年から1949（昭和24）年**にかけての**第1次ベビーブーム**に生まれた世代のこと。**2025（令和7）**年には、団塊の世代は65～74歳の前期高齢者ではなく、**75歳以上の後期高齢者**となる。(テキスト p.2)

③ 適切。高齢者人口の増加は、国民一人ひとりの生活が豊かになり、イン

フラの充実によって生活環境が改善され、医療技術の高度化が進んだ結果
でもある。(テキスト p.3)

④　適切。さらに2019(令和元)年度の「介護保険事業状況報告」によれば、
要介護・要支援の認定を受けた65歳以上の高齢者は約656万人に及んでい
る。(テキスト p.5)

第2問 【正答】 ②

①　適切。平均寿命とは0歳の人が、その後生きるであろうと期待される平
均年数のこと。(テキスト p.3)

②　不適切。2019(令和元)年の「国民生活基本調査」などによると、日本の
65歳以上の高齢者がいる世帯のうち、「**単独世帯**」の占める割合は**28.8％**で、
32.3％を占める「**夫婦のみの世帯**」が最も多い。(テキスト p.3〜4)

③　適切。内閣府の「令和3年版高齢社会白書」による。(テキスト p.4〜5)

④　適切。さらに、70歳以降でも仕事をしたい人は39.0％に及んでいる。(テ
キスト p.5)

第3問 【正答】 ③

①　適切。日本の高齢社会対策の基本的な枠組みは「高齢者社会対策基本法」
に基づく。(テキスト p.5〜6)

②　適切。高齢社会対策大綱は、「高齢者社会対策基本法」制定の翌1996(平
成8)年に公表された。(テキスト p.6)

③　不適切。**高齢社会対策大綱は2001(平成13)年と2012(平成24)年の
二度**、閣議決定で**見直された**のちに、おおむね**5年ごと**を目途に必要に応
じて見直しが行われることとなった。**直近の見直しは2018(平成30)年**。(テ
キスト p.5〜6)

④　適切。2018(平成30)年公表の高齢社会対策大綱では、その基本的な考
え方の一つとして「年齢による画一化を見直し、エイジレス社会を目指す」
ことを掲げている。(テキスト p.6)

第4問 【正答】 ④

①　適切。「1.57ショック」とも呼ばれる。(テキスト p.8)

②　適切。正式名称は「今後の子育て支援のための施策の基本的方向につい
て」。1999(平成11)年には「重点的に推進すべき少子化対策の具体的実施

計画について（新エンゼルプラン）」が新たに策定された。その後も2002（平成14）年の「少子化対策プラスワン」や、「少子化社会対策基本法」成立後の2005（平成14）年の「子ども・子育て応援プラン」、2010（平成22）年の「子ども・子育てビジョン」と、見直しが続いている。（テキスト p.8～9）

③　適切。少子化社会対策大綱は「少子化社会対策基本法」第7条により、その策定が義務づけられている。（テキスト p.9）

④　不適切。2020（令和2）年に閣議決定された「少子化社会対策大綱」は、令和の時代にふさわしい少子化対策として**「希望出産率1.8」**の実現を掲げた。「希望出産率1.6」ではない。（テキスト p.9）

第5問　【正答】　③

①　適切。社会福祉士（ソーシャルワーカー）は社会福祉資源に関する知識をもつ専門家で、関係機関との連絡・調整を担当する。国家資格。（テキスト p.29）

②　適切。介護福祉士は国家資格。（テキスト p.29）

③　不適切。**介護支援専門員（ケアマネジャー）**は、介護保険制度の利用者が適切なサービスを受けられるよう**介護サービス計画（ケアプラン）を作成**し、事業者や施設との連絡・調整を行う。公的資格。（テキスト p.29）

④　適切。福祉用具専門相談員は公的資格。（テキスト p.29）

第6問　【正答】　③

①　不適切。静止の状態から急に運動を始めると、体内の機能が急激な変化に耐えられないからこそ、高齢者は**若い人よりも入念に準備運動を行う**必要がある。（テキスト p.58）

②　不適切。**食後2時間以内の運動は避ける**ようにする。（テキスト p.58）

③　適切。自覚症状がなくても脱水には注意が必要。（テキスト p.58）

④　不適切。全面的な禁止ではない。**持病がある場合は必ず医師に相談**し、**指導**を受けてから適切な運動を行うようにする。（テキスト p.58）

第7問　【正答】　④

①　不適切。「**対麻痺」は両上肢（両腕）あるいは両下肢（両足）が麻痺**した状態のこと。**四肢（すべての手足）や体幹が麻痺**するのは「**四肢麻痺**」。（テキスト p.65）

② 不適切。**片麻痺は脳血管性障害などが原因**で起こる。（テキスト p.65）

③ 不適切。**知的障害はおおむね18歳までの発達期**に生じる。（テキスト p.66）

④ 適切。2013（平成25）年施行の「障害者総合支援法」は、一定の難病を含めて、障害の種類に関係なく、すべての障害者・障害児がその対象である。（テキスト p.35、p.68〜69）

第8問 【正答】 ③

① 不適切。共用品は「**一般化された福祉目的の設計製品**」「**共用設計製品**」と「**バリア解消設計商品**」の**3種類に大別**できる。（テキスト p.86〜87）

② 不適切。**温水洗浄便座と電動歯ブラシ**は、ともに**最初は肢体不自由な人のために作られた「一般化した福祉目的の設計製品」**。（テキスト p.87）

③ 適切。上部や側面に1本の凸線を入れて、他の容器との識別を図ったボディソープ容器もある。（テキスト p.87）

④ 不適切。**小さな凸があるのはスイッチのON側**。（テキスト p.90）

第1章〜第5章 四択問題2

第1問 【正答】 ①（ア・ウ）

ア 適切。増大し続ける高齢者関係の社会保障給付金の負担が、生産年齢人口への重圧となる側面も十分に考慮する必要がある。（テキスト p.12〜13）

イ 不適切。**2010（平成22）年の時点で、日常生活自立度Ⅱ以上の認知症高齢者は280万人**と推計され、その**およそ半数が在宅で生活**している。（テキスト p.13）

ウ 適切。少子化の課題は夫婦や職場だけでなく、社会全体で取り組む必要がある。（テキスト p.12〜13）

エ 不適切。**エイジング・イン・プレイス（Aging in Place）の理念**は、**高齢者にとって住み慣れた地域社会を基盤として、安全で安心な老後生活を過ごそうという考え方。1992（平成4）年の経済協力開発機構（OECD）の社会保障大臣会議で取り上げられた。（テキスト p.14）

第2問 【正答】 ②（イ・ウ）

ア 不適切。**介護保険制度は2000（平成12）年4月にスタート**した。（テキスト p.23）

イ　適切。従前の高齢者への保健福祉制度が必要なサービスを市町村が判断し提供する措置制度だったのに対し、介護保険制度は利用者がサービス等を選択する契約制度である。（テキスト p.23）

ウ　適切。要介護認定の申請は、利用者やその家族が直接住まいのある市町村の窓口に書類を提出するほか、地域包括支援センター、居宅介護支援事業者、介護保険施設などに代行してもらうことも可能。（テキスト p.25）

エ　不適切。「**認定調査票**」により市町村の**調査員**が行った**聞き取り調査**の内容をコンピュータに入力して判定する**一次判定**と、**一次判定の結果**や「**認定調査票**」に記入された**特記事項**、「**主治医意見書**」に基づき、保健・医療・福祉の学識経験者で構成される「**介護認定審査会**」が判断を下す**二次判定**を経て、要介護度が決定される。（テキスト p.25～26）

第3問　【正答】　①（ア・エ）

ア　適切。1971（昭和46）年には「福祉のまちづくり市民の集い」が開催され、「福祉のまちづくり」が全国に拡がるさきがけとなった。（テキスト p.81）

イ　不適切。「**浜松市ユニバーサルデザイン条例**」が施行されたのは**2003（平成15）年**4月。（テキスト p.83）

ウ　不適切。京都市の条例名は、正しくは「**京都市みやこユニバーサルデザイン推進条例**」。（テキスト p.83）

エ　適切。「ユニバーサルデザイン政策大綱」により、ユニバーサルデザインが国の政策の大きな柱に据えられることになった。（テキスト p.83）

第4問　【正答】　①（ア・ウ）

ア　適切。日常生活の介護を容易にするための「介護機器」、日常生活を自分で行うことを便利または容易にするための「自立機器」、心身機能を治療するための「治療機器」、喪失した機能を代替するための「機能補填機器」などに分類される。（テキスト p.96～97）

イ　不適切。同じ車椅子でも、**介護機器**としての車椅子は介助者が押すことを目的に作られた**介助式**で、**自立機器**としての車椅子は障害者が自分で操作することを前提とした**自走式**である。（テキスト p.97）

ウ　適切。福祉用具を導入するにあたっては、用具の基本的な機能や性能、コストなども十分に知っておく必要がある。（テキスト p.97）

エ　不適切。**介護保険制度**では、要介護や要支援の状態にある人が**福祉用具の給付を受けられる**。給付対象となる福祉用具は**貸与**と**購入**（特定福祉用具）に分けられる。（テキスト p.119）

第5問　【正答】　②（イ・ウ）

ア　不適切。**C字型（彎曲型）つえ（ステッキ）**は体重をかけたときに**安定性に欠け**、下肢の機能がやや低下した高齢者が**軽い支え**として使うのに適する。（テキスト p.99）

イ　適切。T字型つえは、脳血管障害などにより下肢の機能低下や片麻痺などの障害がある人が用いるのが一般的。（テキスト p.99）

ウ　適切。多脚つえ（多点つえ）は支持面積が広く、つえに体重を十分かけられる。ただし、接地面が平らでないと安定せず、使用する場所を選ぶ必要がある。（テキスト p.99）

エ　不適切。**ロフストランド・クラッチ（前腕固定型つえ、エルボークラッチ）**にも**握り**部は**ある**。上部にある**カフで前腕を支持**することで、つえを**前腕と握りの二点で支持**し、握力の弱さを補っている。（テキスト p.99）

●図2　つえの種類

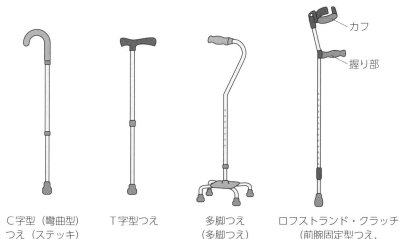

C字型（彎曲型）
つえ（ステッキ）

T字型つえ

多脚つえ
（多脚つえ）

ロフストランド・クラッチ
（前腕固定型つえ、
エルボークラッチ）

第6問 【正答】 ①（ア・エ）

ア　適切。浴室への移動は、入浴の際に気をつけたい注意点の1つ目。（テキスト p.162）

イ　不適切。入浴介助ができるように、浴室の大きさは内法寸法で**間口 1,600mm×奥行き1,600mm程度、もしくは間口1,800mm×奥行き 1,400mm**は確保しておく。（テキスト p.163）

ウ　不適切。**車椅子**などを使う場合、**浴室出入り口の段差は5mm以下に抑え**るのが望ましい。（テキスト p.163）

エ　適切。すのこを利用するときは、そのメンテナンスやがたつきの防止、浴槽縁の高さについて配慮する必要がある。（テキスト p.164～165）

第7問 【正答】 ③（ウ・エ）

ア　不適切。セーフコミュニティの活動は、人々が互いに信頼し合える地域に再生することが目的あり、**国の指示は不要**。（テキスト p.227）

イ　不適切。セーフコミュニティは、**1970年代のスウェーデンの地方都市で**始まった、**事故予防のためのまちづくり活動**が体系化されたもの。（テキスト p.227）

ウ　適切。CSP協同センターの定めた7つの条件を満たせば、その自治体はWHO（世界保健機関）により「セーフコミュニティ」と認証される。（テキスト p.227）

エ　適切。世界全体では、2015（平成27）年7月の時点で362の自治体がWHOの認証を受けている。（テキスト p.227）

第2回模擬試験　解答・解説

第1章 暮らしやすい生活環境をめざして

第1問 【正答】 ×

　団塊の世代とは、**1947**（昭和22）年から**1949**（昭和24）年にかけての**第一次ベビーブーム**に生まれた世代のこと。この世代は2024（令和6）年末までに75歳を迎え、翌**2025（令和7）年**はその生存者のすべてが**75歳以上の後期高齢者**となる。（テキスト p.2）

第2問 【正答】 ○

　国立社会保障・人口問題研究所の**「日本の将来推計人口」**（**2017（平成29）年推計**）による予測。（テキスト p.2）

第3問 【正答】 ×

　高齢者の人口増加と年少人口の増加が同時に進む現象は**少子高齢化**。（テキスト p.2）

第4問 【正答】 ○

　日本では**0歳から14歳までの年少人口の減少**とともに、**15歳から64歳までの生産年齢人口も減少**している。また**社会保障費**は、高齢化などの影響で**増加し続けて**おり、これにいかに対応するのかは少子高齢社会の大きな課題の一つといえる。（テキスト p.2〜3）

第5問 【正答】 ×

　2019（令和元）年の**「国民生活基礎調査」**によれば、2019（令和元）年時点での**65歳以上がいる世帯**は全世帯の49.4％を占める**2,558万4千世帯**。このうち**「夫婦のみ世帯」**が827万世帯（32.3％）で**最も多く**、一人暮らしの**「単独世帯」**は736万9千世帯（**28.8％**）でこれに次ぐ。（テキスト p.3〜4）

第6問 【正答】 ×

　日本の高齢社会対策の基本理念は、1995（平成7）年に制定された**「高齢社

会対策基本法」で定められ、これに基づき翌1996（平成8）年に「高齢社会対策大綱」が公表された。（テキスト p.5〜6）

第7問 【正答】 ×

「高齢社会対策大綱」は2012（平成24）年の改定後、おおむね**5年を目途に**必要に応じて見直すと明記された。3年ではない。（テキスト p.5〜6）

第8問 【正答】 ×

住宅セーフティネット法の正式名称は、「**住宅確保要配慮者に対する賃貸住宅の供給の促進に関する法律**」。（テキスト p.8）

第9問 【正答】 ×

日本で最初に策定された少子化対策の具体的な計画は、**1994（平成6）**年の「**エンゼルプラン**」。その後は**1999（平成11）**年の「**新エンゼルプラン**」、**2002（平成14）**年の「**少子化対策プラスワン**」の策定と続き、**2003（平成15）**年には「**少子化社会対策基本法**」が成立。この法律に基づき翌**2004（平成16）**年に「**少子化社会対策大綱**」が策定されている。（テキスト p.8〜9）

第10問 【正答】 ○

「**地域包括ケアシステム**」とは、**身近な地域で高齢者を支える**ための、**医療・介護・住まい**等の分野における**地域の包括的な支援・サービス提供体制**のこと。日本の介護保険制度は、2011（平成23）年の制度改正（翌2012（平成24）年施行）で示された「地域包括ケアシステム」構築の推進による、持続可能な制度を確保するための取り組みが進められている。（テキスト p.31〜32、p.34〜35、p.226）

第11問 【正答】 ○

「**ノーマライゼイション**」を提唱したのは第二次世界大戦後、**デンマーク**で障害者問題に取り組んでいた**バンク−ミケルセン**（N.E. Bank-Mikkelsen）で、この理念を初めて盛り込んだ同国の「**1959年法**」の制定にも尽力した。（テキスト p.43）

第2章 健康と自立をめざして

第1問 【正答】 ×

老年学とは、**加齢にともなう心身の変化や高齢者を研究**する学問のこと。今日の老年学では入院中の高齢者ばかりでなく、**元気な高齢者を対象にした研究も進んできている**。（テキスト p.48）

第2問 【正答】 ○

調査結果によれば、元気な高齢者でも行動の機敏さにかかわる「**動作性能力**」**は加齢ともに下降**するが、「**言語性能力**」**は70代から80代になっても低下せず、むしろ上昇**し、両者を総合した知能テストでは、加齢による下降はみられない。（テキスト p.49）

第3問 【正答】 ○

「ピンピンコロリ」の**直角型の老化モデル**（**終末低下**）に少し遅れて、心理学の分野では人間の人格や能力は生涯発達する（**生涯発達理論**）という考え方も登場してきている。味覚を例にとれば、**加齢により苦味に鈍く**なることが、**かえって食物を味わう能力を高める**といった逆説も存在する。（テキスト p.50）

第4問 【正答】 ×

高齢者にとっては、**自立して生活できるかどうかが最も大切な健康基準**であり、**身体的な自立度をはかる**一般的な**基準は日常生活動作**（Activities of Daily Living；**ADL**）である。QOLは「生活の質」を意味する概念。（テキスト p.50～51）

第5問 【正答】 ×

高齢者人口の増加は障害のある高齢者が増えることでもある**一方で、元気な高齢者が増える**ことでもある。元気な高齢者は、加齢による不利を補いながらも有償労働をはじめ、奉仕活動や家事などに携わることが十分可能であり、社会に貢献できる存在である。（テキスト p.54）

第6問 【正答】 ✕

WHOの唱えた「**ヘルスプロモーション**（Health Promotion）」は**健康増進の概念**で、「**人々がみずからの健康をコントロールし、改善できるようにするプロセス**（過程）」と定義される。少しでも健康状態をよくするためのプロセスであり、現在の健康状態を維持するためのプロセスではない。（テキストp.60）

第7問 【正答】 ✕

「ヘルスプロモーション」に従い、健康増進や介護予防を行うときのポイントは、「**食生活と栄養**」「**生涯体育**」「**生涯学習**」「**口腔機能の改善**」に「**生活環境**」も加わった**5点**。「**生活環境**」は広い意味で**住環境**ともいえる。それぞれの内容は、実践者の生活機能のレベルによって異なる。（テキスト p.61）

第3章　バリアフリーとユニバーサルデザイン

第1問 【正答】 ✕

「**バリアフリー**」の概念が**世界的に広まるきっかけ**になったのは、**1974**（昭和49）年に発表された**国際連合障害者生活環境専門家会議報告書**「**Barrier Free Design**」である。（テキスト p.78）

第2問 【正答】 ✕

日本の「**平成7年版障害者白書**」は、障害者の社会参加を阻む障壁として、「**物理的**」「**制度的**」「**文化・情報面**」「**意識上**」の4つのバリアを指摘している。「環境面」ではない。（テキストp.78）

第3問 【正答】 ○

1971（**昭和46**）年には「**福祉のまちづくり市民の集い**」が開催され、仙台市で始まった「福祉のまちづくり」の活動が全国に拡がる先駆けとなった。（テキスト p.81）

第4問 【正答】 ×

　ADA（障害をもつアメリカ人法）は、障害者への差別を禁止し、障害者の社会参加やその**環境整備への取り組みの促進**を目的にした法律。この**ADA成立が刺激となり、日本でも地方自治体**による「**福祉のまちづくり条例**」の策定が**一気に進んだ**。また国レベルでも、1994（平成6）年制定の「**ハートビル法**」や2000（平成12）年制定の「**交通バリアフリー法**」は、ADAの影響を受けた環境整備促進法である。（テキストp.82）

第5問 【正答】 ×

　日本で2006（平成18）年に制定された「高齢者、障害者等の移動等の円滑化の促進に関する法律」は通称「**バリアフリー法**」であり、かつての「**ハートビル法**」と「**交通バリアフリー法**」を合体させた法律である。（テキストp.82）

第6問 【正答】 ○

　メイスは**ユニバーサルデザイン**を「**建物や施設を追加の費用なく、あるいは最低の費用で、すべての人にとって機能的で魅力的にデザインする方法**」と定義し、1995（平成7）年には仲間とともに初版の「**ユニバーサルデザインの7原則**」を公表した。（テキストp.79）

第7問 【正答】 ×

　日本初のユニバーサルデザイン関連条例は、静岡県浜松市で**2003（平成15）年**4月に施行された「**浜松市ユニバーサルデザイン条例**」。「**京都市みやこユニバーサルデザイン条例**」は**2005（平成17）年**4月の施行で、浜松市の条例よりも2年遅れている。（テキストp. 83）

第8問 【正答】 ○

　前年の**2004（平成16）年**には、**参議院本会議で「ユニバーサル社会の形成促進に関する決議」が可決**されていた。（テキストp.82）

第9問 【正答】 ×

　共用品は、**より多くの人が使いやすいようにつくられた用具**で、初めから共用目的で設計された「**共用設計製品**」のほか、「**一般化された福祉目的の設計製品**」、バリアフリーを加味した一般商品である「**バリア解消設計商品**」で

構成される。(テキスト p.85〜86)

第10問 【正答】 ○

2001（平成13）年の制定当初のタイトルは「高齢者及び障害のある人々のニーズに対応した規格作成配慮指針」。「規格におけるアクセシビリティ配慮のためのガイド」に変わったことで、「**ISO/IEC ガイド71**」は**高齢者や障害者にとどまらず、健常であっても日常生活に何らかの不便を感じている人**にまでその対象が広がった。(テキスト p.92、p.94)

第11問 【正答】 ○

「**不便さ調査**」とは、**障害者・高齢者・妊産婦**などを対象に、**日常生活で感じる不便さを調べる**もので、公益財団法人共用品推進機構が報告書としてまとめている。なお、共用品推進機構は「**良かったこと調査**」も行っており、より広い視野に立った共用品の開発を提案している。(テキスト p.95)

第12問 【正答】 ×

福祉用具に頼りすぎると、**廃用症候群（生活不活発病）の発症につながる**ことがある。(テキスト p.98)

第4章　安全・安心・快適な住まい

第1問 【正答】 ○

高齢者は**加齢とともに視機能や下肢機能が低下していき、わずかな段差でも転倒**しやすく、住環境における段差の解消は安全な生活への第一歩といえる。(テキスト p.123)

第2問 【正答】 ×

道路から住居の玄関までの段差の解消方法には、**スロープの設置、階段の設置、段差解消機の設置**などがある。解消法を選ぶ際には、まず居住者の身体状況をみきわめ、どのような移動方法が適切かを確認する必要があり、**特定の解消法が最も適切だとは一概にはいえない**。(テキスト p.123)

第3問 【正答】 ×

　設問の数値は「**建築基準法**」の定める**住居における階段の寸法基準**。**高齢者や障害者が利用**する場合は、**踏面はより広めにとって300〜330mm**程度、**蹴上げはより狭めにとって110〜160mm**程度とするのが望ましい。（テキスト p.147）

第4問 【正答】 ○

　防湿土間コンクリートの敷設や、床下全面に基礎となるコンクリートを敷設する「**べた基礎**」で床下部分の防湿処理を施せば、**1階居室の床の高さを450mmより低くできる**。（テキスト p.124）

第5問 【正答】 ○

　床面を下げると**床下の通気が悪くなり**、木造家屋では**白アリがより発生しやすくなる**。（テキスト p.124）

第6問 【正答】 ×

　一般的に、**和室の床面は洋室の床面よりも10〜40mm程度高く**なっている。（テキスト p.124）

第7問 【正答】 ×

　フラットレールは床面に設置して使用する。**床面に埋め込んで使用する**のは**V溝レール**。（テキスト p.125）

第8問 【正答】 ○

　床材を選ぶときは、**滑りにくさや強さ（傷付きにくさ）を考慮**に入れる必要がある。（テキスト p.126〜127）

第9問 【正答】 ×

　グラブバー（grab bar）は、**玄関やトイレなどでの移乗や立ち座り動作**のときにしっかり握って使う手すり。**通路や階段などでからだの位置を移動**させるときに手を滑らせて使う手すりは**ハンドレール**（handrail）。（テキスト p.127〜128）

第10問 【正答】 ○

　間柱は**35～40mm程度の幅**しかなく、手すりの受け金具がはみ出してしまって木ネジが利きにくい。（テキスト p.128）

第11問 【正答】 ×

　トイレなど、手すりが必要になる箇所の**壁下地の補強**は、**身体機能の低下で使いやすい位置が変わった場合**にも柔軟に**対応**できるように、あらかじめ**広範囲**に行うようにする。（テキスト p.128～129）

第12問 【正答】 ○

　尺貫法に影響された**日本の伝統的な軸組構法による木造住宅**では、**柱と柱の芯─芯距離を3尺（910m）**とするのが標準である。これを**3尺モジュール**という。（テキスト p.133、p.135、p.180）

第13問 【正答】 ×

　柱と柱の芯─芯距離（910mm）から、2つの柱と内壁材による出っ張り部分（〈105mm÷2＋12.5mm〉×2＝130mm）を差し引いた数値が有効寸法となる。すなわち、910mm－130mmで求められる780mmが有効寸法。（テキスト p.131、p.133）

●図3　木造住宅の標準モジュールと有効寸法

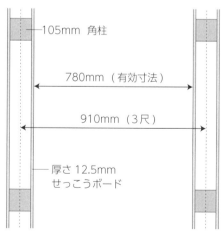

第14問　【正答】　○

　　ヒートショックは**室間の温度差**により**血圧や脈拍が急激に変化**する現象。暖かい部屋から寒い部屋に移動するときも、寒い部屋から暖かい部屋へ移動するときも、ヒートショックは同様に発生する。（テキスト p.140）

第15問　【正答】　×

　　エアコンやファンヒーターのような**温風による暖房は**「**対流暖房**」。「**輻射暖房**」は**発熱体の放射効果を利用**した暖房で、床暖房、パネルヒーターなどがこれに該当する。（テキスト p.140）

第16問　【正答】　×

　　柱が見えないように仕上げた壁は「**大壁**」（おおかべ）で、「**真壁**」ではない。「**真壁**」は柱と柱の間につくった壁で、**柱は露出**している。（テキスト p.153）

第5章　安心できる住生活とまちづくり

第1問　【正答】　○

　　「**躯体共有型**」は**子ども世帯と親世代の建物が一体化**した二世帯住宅のこと。設問にある３つのタイプのほか、「**浴室共有型**」や「**台所共有型**」の二世代住宅もある。（テキスト p.183）

第2問　【正答】　×

　　日本で**核家族や住宅団地が登場**したのは、**高度経済成長が始まった昭和30年代**。住宅団地の登場とともにダイニングキッチンが取り入れられ、**寝食分離**や椅子座の食事が急速に普及し、日本人のライフスタイルが大きく変化した。（テキスト p.183～184）

第3問　【正答】　○

　　初期に建設された住宅団地では、**住民の高齢化が深刻化**し、**エレベーターの設置など住環境の再整備**が大きな課題になっている。（テキスト p.184）

第4問　【正答】　○

　　「**高齢者住まい法**」は、「**高齢者の居住の安定確保に関する法律**」の略称。

2011（平成23）年の改正で「サービス付き高齢者向け住宅」が制度化されたことに伴い、それまで存在した「高齢者円滑入居賃貸住宅」「高齢者専用賃貸住宅」「高齢者向け優良賃貸住宅」の制度は廃止された。（テキスト p.185、p.199）

第5問 【正答】 ×

「高齢者住宅整備資金貸付制度」の対象は、**60**歳以上の高齢者世帯と、60歳以上の高齢者と同居する世帯。（テキスト p.194）

第6問 【正答】 ○

住宅確保要配慮者は、「**住宅セーフティネット法（住宅確保要配慮者に対する賃貸住宅の供給の促進に関する法律）**」の第2条で**定義**されている。（テキスト p.196）

第7問 【正答】 ×

高齢者や障害者は**単身**で公営住宅に入居**できる**。かつては障害者の単身入居は身体障害者に限られていたが、公営住宅法の改正により、2006（平成18）年2月からは知的障害者や精神障害者にも単身入居が認められるようになった。（テキスト p.184〜185）

第8問 【正答】 ○

都市計画マスタープランは、**1992**（平成**4**）年の「**都市計画法**」改正に伴い、「**市町村の都市計画に関する基本的な方針**」として新たにつくられた制度。ワークショップの実施や素案に対する意見の募集など、計画の策定段階から住民が参加して、市町村とともに計画を立案していく。（テキスト p.222）

第9問 【正答】 ×

地域防災計画は、**震災・風水害・火山災害・雪害などの自然災害と航空災害・鉄道災害・道路災害・原子力災害などの事故災害**に対する予防計画と対応計画で構成されている。また、高齢者、障害者、乳幼児など、災害時に特に配慮が必要な人を「要配慮者」と位置づけ、その対応策をまとめることになっている。（テキスト p.222〜223）

第1章～第5章　四択問題1

第1問　【正答】　②

① 適切。日本の総人口は2021（令和3）年12月1日時点で1億2,547万人となり、前年同月比で約62万人減少した。日本の総人口の減少は現在も進行中である。（テキスト p.2）

② 不適切。**高齢者**は**65歳以上**、**年少人口**は**0歳から14歳**まで、**生産年齢人口**は**15歳から64歳**までが正しい。（テキスト p.2）

③ 適切。その後はやや持ち直しているものの、依然として日本の合計特殊出生率は低水準にある。（テキスト p.2）

④ 適切。日本は今後、これまで以上に少子高齢社会に見合った世代間での共存の道を探る必要がある。（テキスト p.2～3）

第2問　【正答】　①

① 不適切。**2019（令和元）年**の「**国民生活基本調査**」によると、**入院者を除く「ここ数日、病気やけが等に自覚症状がある」65歳以上の高齢者**の割合は**人口1,000人当たり433.6人**。「**1,000人当たり689.6人**」は、**通院している高齢者**の割合。（テキスト p.5）

② 適切。40歳以上65歳未満の人でも、加齢に起因する特定疾患を原因とする障害で要介護・要支援状態になったときは、介護保険サービスを受けられる。特定疾患に指定されているのは、末期がんや関節リウマチなど16疾患。（テキスト p.5、p.24）

③ 適切。2019（令和元）年度の厚生労働省の「介護保険事業状況報告」による。要介護者の増加は今後も確実で、暮らしやすい生活環境への整備がよりいっそう切実な課題になる。（テキスト p.5）

④ 適切。調査結果からも、高齢者すべてを弱者としてとらえる視点は誤りといえる。（テキスト p.5）

第3問　【正答】　④

① 適切。個人の努力のみで少子高齢社会での諸問題を解決することは困難であり、地域ぐるみで、住民一人ひとりが地域社会の発展をめざす方向性を認識する必要がある。（テキスト p.14）

② 適切。その一方で、2011（平成23）年の東日本大震災などでみられた全

国各地のボランティアによる復興支援のように、従来型に代わる新たな人と人とのつながりによって地域社会をつくる動きが出ている。（テキストp.14）

③ 適切。1992（平成4）年にパリで開催されたOECD（経済協力開発機構）の社会保障大臣会議で取り上げられた。日本の「地域包括ケアシステム」も、エイジング・イン・プレイスの影響を受けている。（テキストp.14）

④ 不適切。「**エイジレス社会**」は、**年齢や世代にとわれることなく、個人の能力や経験に応じて、それぞれが社会の一員として生き生きとした暮らし**ができる社会のこと。高齢世代も若い世代とともに経済や地域社会を支える。（テキストp.14）

第4問 【正答】 ②

① 適切。理学療法士（Physical Therapist；PT）は、運動療法や温熱・電気刺激による物理療法を中心とした医学的なリハビリテーションを行う。国家資格。（テキストp.29）

② 不適切。**作業療法士**（Occupational Therapist；**OT**）は、**家事・工作と**いった**職業的・創造的活動**や**日常生活動作**などの「**作業**」による**リハビリテーション**を行い、**心身機能の回復**をめざすもので、PTの補助者ではない。国家資格。（テキストp.29）

③ 適切。言語聴覚士（Speech-Language-Hearing Therapist；ST）は、ことばによるコミュニケーションや摂食・嚥下機能に問題がある人に向けた支援や援助を行う。国家資格。（テキストp.29、p.66）

④ 適切。福祉住環境コーディネーターは民間検定である。（テキストp.21、p.29）

第5問 【正答】 ③

① 適切。「知的障害者の権利宣言」や「障害者の権利宣言」は、ノーマライゼーションの考え方に影響を受けている。（テキストp.43）

② 適切。こののち、障害者施策の基本的理念を定めた「障害者基本法」が1993（平成5）年に制定され、1995（平成7）年には「障害者プラン〜ノーマライゼーション7か年計画」、2002（平成14）年には「障害者基本計画」と「重点施策実施5か年計画」がそれぞれ策定されている。（テキストp.43）

③ 不適切。**日本の障害者政策**はかつての**措置制度から**、障害者自身が主体

的にサービスを選択する**契約制度への転換**が図られてきた。2003（平成15）年施行の「支援費制度」、2006（平成18）年施行の「障害者自立支援法」、2013（平成25）年施行の「障害者総合支援法」は、この流れを反映したもの。（テキスト p.35）

④　適切。すべての障害者や障害児に対し、障害の種類を問わずに共通の制度のもとで支援を行うことが「障害者総合支援法」の特徴。（テキスト p.35）

第6問　【正答】　①

①　不適切。**栄養のバランスを崩さないため、高齢者では**植物性たんぱく質**よりも動物性たんぱく質をやや多め**にとることが求められる。1日の必要摂取量の目安は、肉と魚がそれぞれ60〜100g、卵1個、牛乳200cc。（テキスト p.56）

②　適切。咀嚼力の低下は消化不良や唾液の減少を招き、体力低下や老化が進む原因とされる。また、口腔内の浄化作用も低下するので、歯周病や誤嚥性肺炎が起こりやすくなる。（テキスト p.57）

③　適切。高齢者にとっての運動は、身体の機能低下の予防だけでなく、認知症やうつの予防にも役立つ。（テキスト p.57）

④　適切。高齢者は運動機能が低下するため転倒しやすく、腰や大腿骨を骨折した結果、寝たきりになることも少なくない。（テキスト p.59）

第7問　【正答】　②

①　不適切。**生活機能の維持は「一次予防」**の主目的。**「二次予防」では生活機能の低下の早期発見・早期対応**が主目的となる。（テキスト p.62）

②　適切。「二次予防」は、要介護状態等になるおそれの高い高齢者をその対象にした介護予防である。（テキスト p.62）

③　不適切。「三次予防」では、**要介護状態等の改善と重症化の予防**が主目的となる。（テキスト p.62）

④　不適切。**要介護状態等になるおそれの高い高齢者**に対して、**生涯学習は必須の予防手だてではない**。生涯学習が必要なケースでも、自立高齢者向けとは異なる、対象者のニーズに合わせたプログラムを提供する。（テキスト p.63）

第8問 【正答】 ②

① 不適切。四肢麻痺・対麻痺・片麻痺などに代表される**肢体不自由者**は、**医学的リハビリテーション**や**福祉用具の活用、住環境の整備により、生活機能の一部あるいはすべての面で自立**している人が大勢いる。（テキスト p.65〜66）

② 適切。内部障害者の自立には、周囲の理解と配慮が何より欠かせない。（テキスト p.66）

③ 不適切。「**高次脳機能障害**」は、**交通事故や脳血管障害などで脳が損傷した結果、認知や行動に起きる障害**のこと。設問の説明に該当するのは「てんかん」。（テキスト p.68）

④ 不適切。**発達障害**には、**自閉症やアスペルガー症候群**が含まれる**広汎性発達障害、注意欠陥多動性障害、学習障害**などの種類があり、その区別は難しく、障害が重なり合って現れることもある。（テキスト p.68）

第1章〜第5章 四択問題 2

第1問 【正答】 ①（ア・ウ）

ア 適切。まちなかの段差、狭い通路など、高齢者や障害者にとって障壁になる物理的なバリアはあちこちに存在する。（テキスト p.84）

イ 不適切。「**障害**」を理由に**さまざまな条件や基準を設ける**ことは、能力以前の段階で当事者の社会参加の道を閉ざしてしまう「**制度のバリア**」である。（テキスト p.84）

ウ 適切。「文化・情報のバリア」は、情報の提供手段が受け手のニーズと合致しない場合に起こる。（テキスト p.84）

エ 不適切。高齢者や障害者への**無関心や無知**が、**偏見や差別**といった「**意識のバリア**」をつくりだす。「意識のバリア」を解消しない限り、バリアフリーへの理解は広がらず、真のバリアフリーは実現できない。（テキスト p.84）

第2問 【正答】 ④（ウ・エ）

ア 不適切。「**ユニバーサルデザインの7原則**」は、**つくり手がめざすべき方向性を示したもので、具体的な数値は示されていない。**（テキスト p.79）

イ 不適切。「7原則」は**初公表後に改訂**されている。（テキスト p.80）

ウ 適切。設問の内容は1997（平成9）年版の原則4と原則5に該当。原則

1は「だれにでも使用でき、入手できること」、原則2は「柔軟に使えること」、原則3は「使い方が容易にわかること」、原則6は「少ない労力で効率的に、楽に使えること」、原則7は「アプローチし、使用するのに適切な広さがあること」。（テキスト p.79〜80）

エ　適切。アダプタブルとは、「わずかな手間で調整や付加、あるいは取り外すことができ、居住者のニーズに対応できる性質」を意味する。ハンガー掛けの高さが調節できたり、簡単に流し台下のキャビネット（収納戸棚）の取り外しができるようにすることなどが、その具体例。（テキスト p.80）

第3問　【正答】　③（ウ・エ）

ア　不適切。介護保険の給付対象となる福祉用具は**貸与が原則**だが、腰掛け便座や浴槽用手すり等の入浴補助用具など、貸与になじまないものは**特定福祉用具**として**購入も認められている**。2023（令和5）年時点での**貸与の対象は13種目、購入の対象は6種目**（**2022（令和4）年4月に「排泄予測支援機器」が追加**）である。（テキスト p.119〜120〈「排泄予測支援機器」は未収録〉）

イ　不適切。**貸与種目での利用者負担は原則1割**だが、**一定以上の所得がある65歳以上の第一号被保険者は2割または3割負担**することになる。（テキスト p.119）

ウ　適切。**特定福祉用具は利用者が全額負担で購入**したのちに、**その金額の原則9割**（一定以上の所得がある65歳以上の第一号被保険者には8割または7割）**が介護保険から償還払い**される。ただし、**同一年度で購入できるのは10万円まで**で、**介護保険からの給付は最大で9万円**となる。（テキスト p.119）

エ　適切。利用者は福祉用具の構造や機能だけでなく、希望する用具が介護保険の給付対象であるかどうかも確認する必要がある。（テキスト p.119）

●表1　介護保険の給付対象となる福祉用具

福祉用具貸与の対象種目	①車椅子、②車椅子付属品、③特殊寝台、④特殊寝台付属品、⑤床ずれ防止用具、⑥体位変換器、⑦手すり、⑧スロープ、⑨歩行器、⑩歩行補助つえ、⑪認知症老人徘徊感知機器、⑫移動用リフト（つり具の部分を除く）、⑬自動排泄処理装置
福祉用具購入の対象種目	①腰掛便座、②自動排泄処理装置の交換可能部品、③排泄予測支援機器（2022（令和4）年4月追加）、④入浴補助用具、⑤簡易浴槽、⑥移動用リフトのつり具の部分

161

第4問 【正答】 ④（イ・エ）

ア　不適切。**高齢になると就寝中でもトイレに行く回数が多く**なりやすく、**トイレと寝室の距離はできるだけ短く**したほうがよい。排泄音やにおいなどが気になる場合は、便器や建具の種類、換気などに配慮する。（テキスト p.157）

イ　適切。トイレで介助するときは前傾姿勢をとることが多く、介助者の臀部が突出するので、便器側方および前方に500mm以上の介助スペースが必要。（テキスト p.158）

ウ　不適切。**縦手すりは、便器の先端から250〜300mm程度前方の側面**に設置する。手すり上端の高さは設問のとおり。身体機能が低下すると前傾姿勢での動作が多くなるので、縦手すりの位置も便器から離れて低い位置にあるほうが使いやすくなる。（テキスト p.159）

エ　適切。やむを得ず開き戸にするときは、トイレで倒れるなどの緊急時の救助を考慮に入れ、トイレの外側に開く外開き戸にしておく。（テキスト p.160）

第5問 【正答】 ①（ア・イ）

ア　適切。長時間の立ち仕事や無駄な動きが少なくなるように、キッチン周りはコンパクトにまとめておく。（テキスト p.169）

イ　適切。キッチンと食堂はコミュニケーションの場でもあり、部屋として仕切らないほうがよい。キッチンと食堂の間にハッチ（物の受け渡しができる小さな開口部）を設けたり、あるいはカウンターで仕切れば、適度に視線がさえぎられ、台所仕事で不意の来客に困惑することもない。（テキスト p.169）

ウ　不適切。**天板の加熱部分を触ってやけどする危険があるのは電気調理器。電磁調理器**は磁気によって**鍋自体を発熱**させるので、**天板の加熱部分に触れてもやけどの心配がない。**ただし、**調理直後は鍋からの予熱で熱くなっているので注意**は必要。（テキスト p.170）

エ　不適切。**立位で調理**するときは、**身長に合わせてキッチンカウンターの高さを調節する。**市販されている標準的なキッチンカウンターの高さは800mm、850mm、900mmの3種類。また、多くのキッチンが下部の台輪（高さ100mm程度の下枠）部分で高さを調節できる。（テキスト p.171）

第6問 【正答】 ① (ア・ウ)

ア　適切。要介護者等が所定の住宅改修を行った場合、介護保険から住宅改修費の9割（一定以上所得者は8割、現役並み所得者は7割）相当額が償還払いで支給される。（テキスト p.179）

イ　不適切。介護保険の給付対象となる住宅改修は、「**手すりの取り付け**」「**段差の解消**」「**滑りの防止および移動の円滑化等のための床または通路面の材料の変更**」「**引き戸等への扉の取り替え**」「**洋式便器等への便器の取り替え**」と、「**その他、以上の改修に付帯して必要となる住宅改修**」の**6種目**。（テキスト p.179）

ウ　適切。実際に支給されるのは18万円（支給限度基準額の9割）が最大で、一定以上所得者は16万円（同8割）、現役並み所得者は14万円（同7割）となる。（テキスト p.179）

エ　不適切。**要介護度が著しく上昇したり**（三段階上昇時）**、転居した場合には、例外的に再度20万円までの支給限度基準額が設定**される。（テキスト p.179）

第7問 【正答】 ④ (ア・ウ)

ア　適切。在宅生活が難しくなったことによる転居のほか、一戸建てから公共交通機関の便がよい集合住宅への転居など、さまざまな理由で住み替えを検討しているシニア層は少なくない。（テキスト p.187～188）

イ　不適切。**リバースモーゲージ（死亡時一括償還型融資）**は建物や土地（不動産）を担保に資金を貸し付け、借入人の死亡時に担保の不動産を処分して貸し付け金の返済に当てる金融仕法で、**収入とは無関係**。これを利用すれば、**持ち家のある高齢者は、担保にした持ち家を手放すことなく、サービス付き高齢者向け住宅の家賃前払い金**（入居費用）**や住宅改修費用を借りられる。**（テキスト p.187、p.202）

ウ　適切。シルバーハウジングの生活援助員は「ライフサポートアドバイザー（LSA）」と呼ばれる。（テキスト p.189、p.200～201）

エ　不適切。**コレクティブハウジングは、子育て世代が家事を協同で分担す**る目的で考案された**北欧の集合住宅**がその始まりである。（テキスト p.189）

第3回模擬試験　解答・解説

第1章　暮らしやすい生活環境をめざして

第1問　【正答】　×
国立社会保障・人口問題研究所の「**日本の将来推計人口**」（**2017**〈**平成29**〉**年推計**）によると、わが国における**65歳以上の高齢化率**は、**2065**（**令和47**）年には**38.4%**に達すると見込まれている。（テキスト p.2）

第2問　【正答】　×
前期高齢者は**65歳から74歳**までの高齢者、**後期高齢者**は**75歳以上**の高齢者のこと。（テキスト p.2）

第3問　【正答】　×
生産年齢人口は**15歳から64歳**までの人口。0歳から14歳までの人口は年少人口という。（テキスト p.2）

第4問　【正答】　○
内閣府の「**令和3年版高齢社会白書**」によれば、**2020**（**令和2**）**年の65歳以上の労働力人口は労働力人口総数の13.4%**を占め、さらに総務省の「**労働力調査**」によれば、**65〜69歳の就業者**（労働統計では「**雇用者**」という）数は**320万人**、**70歳以上の就業者**数も**300万人**に及んでいる。また、厚生労働省の「**第15回中高年者縦断調査**」によれば、**65〜69歳になっても仕事をしたい人は56.4%**に達している。（テキスト p.4〜5）

第5問　【正答】　○
2018（**平成18**）**年**に見直された「**高齢社会対策大綱**」は、その**基本的な考え方を3つ掲げている**。残り2つは「地域における生活基盤を整備し、人生のどの段階でも高齢期の暮らしを具体的に描ける地域コミュニティを作る」ことと、「技術革新の成果が可能にする新しい高齢社会対策を志向する」こと。（テキスト p.6）

第6問 【正答】 ○

近年の出生数の推移を母親の年齢でみると、**20歳代の出生割合が少なくなる**一方で、**30歳代の出生割合は増えてきており、晩産化**の傾向にある。（テキスト p.2、p.8）

第7問 【正答】 ×

2020（令和2）年に見直された「**少子化社会対策大綱**」が基本的な**目標**として掲げる**希望出生率**は**1.8**。希望出生率とは、若い世代の結婚や出産の希望がかなったとした場合に想定される出生率のこと。（テキスト p.9）

第8問 【正答】 ○

数値は、国立社会保障・人口問題研究所が公表した 2019（令和元）年度の「**社会保障費用統計**」による。社会保障給付費は、社会保険や社会福祉等の社会保障制度を通じて、**1年間に国民に給付される金銭やサービスの合計額**で、国際労働機関（**ILO**）**の基準**に基づく。（テキスト p.13）

第9問 【正答】 ○

40歳以上65歳未満の医療保険加入者は介護保険の第2号被保険者であり、医療保険料とともに介護保険料もそれぞれの医療保険の運営主体（保険者）によって徴収される。介護保険制度の定める加齢に起因する**特定疾患は末期がん、関節リウマチ、パーキンソン病関連疾患**など**16疾患**。（テキスト p.24）

第10問 【正答】 ×

「指定特定相談支援事業者」は、障害者総合支援法に基づく「**サービス等利用計画案（ケアプラン）**」の作成支援のほか、サービス実施後のモニタリングや計画修正にも関与し、障害者や家族からの相談に応じて情報提供や連絡調整なども行っている。（テキスト p.38）

第11問 【正答】 ×

2018（平成30）年に創設されたのは「**共生型サービス**」で、「共用型」ではない。類似するサービスがあるときは、**障害福祉サービスよりも介護保険サービスを優先するのが原則**（障害者総合支援法第7条）で、障害高齢者が受けてきた障害福祉サービスは介護保険サービスへの移行対象となる。（テキスト p.42）

●図4　障害福祉サービスと介護保険サービスとの関係

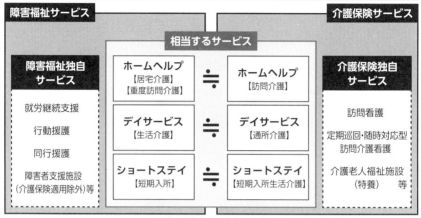

障害福祉制度と介護保険制度においては、それぞれ様々なサービスが設けられているが、サービスの内容や機能面から、障害福祉サービスに類似する（「相当する」）介護保険サービスがある場合には、障害者総合支援法第7条に基づき、原則介護保険サービスの利用が優先されることになる。

（出典：障害者の日常生活及び社会生活を総合的に支援するための法律）

第2章　健康と自立をめざして

第1問　【正答】　○

　　成人期以降に起こってくる心身の変化を**老化**という。**体温の調節力の低下**は、老化による**適応力の低下**の一例。高齢になればなるほど、**からだの予備力・防衛力・適応力・回復力は低下**していく。（テキスト p.48、p.58〜59）

第2問　【正答】　×

　　かつては、知能の発達は20歳をピークに下降していくと考えられていたが、今日では、健康な高齢者は**死の直前まで知力を維持**することができ、**知力は死の直前、急激に低下**すると考えられている（**終末低下**）。（テキスト p.50）

第3問　【正答】　○

　　介護予防は3つの段階に分けられる。**一次予防は生活機能の維持、二次予防は生活機能の低下の早期発見と早期対応、三次予防は要介護状態等の改善や重症化の予防**が主な目的で、要介護状態等になるおそれが高い高齢者は**二次予防の対象**になる。（テキスト p.62）

第4問　【正答】　×

　　ロートンは**生活機能の階層**を、レベルの低い順に「生命維持」「機能的健康度」「知覚─認知」「身体的自立」「手段的自立」「知的能動性」「社会的役割」の**7段階に分けている**。一般に、自立できるかどうかの境になるのは**日常生活動作（ADL）に支障のない**「**身体的自立**」で、外出・買い物・食事の用意・金銭管理といった手段的日常動作（IADL）に支障のない「**手段的自立**」は、「**身体的自立**」**よりも自立の度合いが一段高い**。（テキスト p.52）

第5問　【正答】　×

　　他者からの支援や機械や道具の使用は、**高齢者や障害者の自立生活を可能にするものであり、自立とは矛盾しない**。（テキスト p.53）

第6問　【正答】　○

　　フレイルは、英語の「frailty」（弱さ、脆さ）から派生した用語で、「**健常な状態**」と「**要介護状態**」の中間段階にある「**虚弱状態**」のこと。この段階で早く介入し対策を行えば、元の健常な状態に戻る可能性があるとされる。現在では「身体的フレイル」「精神的フレイル」「社会的フレイル」という使い方もみられる。（テキスト p.55）

第7問　【正答】　○

　　胸髄を含む**脊髄の損傷による運動・知覚の障害は、損傷された脊髄よりも遠位に現れる**。脊髄は、脳から背骨（脊椎）の中を通って伸びる円柱状の神経の束。**頸髄**（$C_1 \sim C_8$）、**胸髄**（$T_1 \sim T_{12}$）、**腰髄**（$L_1 \sim L_5$）、**仙髄**（$S_1 \sim S_5$）、**尾髄**（Co）からなり、脳とともに中枢神経を構成する。（テキスト p.70）

第3章　バリアフリーとユニバーサルデザイン

第1問　【正答】　○

　　平等な社会参加は万人に認められた権利で、その権利を実現するために、**バリアによって特定の人が社会資源を利用できず参加できないような状況は改善されるべき**（国際連合「Barrier Free Design」）であり、平等な社会参加の実現がバリアフリーの最終的な目標となる。（テキスト p.79）

第2問 【正答】　×

　「物理的」「制度的」「文化・情報面」「意識上」の4つのバリアを指摘したのは、1995（平成7）年版の**障害者白書**（副題：「**バリアフリー社会をめざして**」）。「障害者白書」は、1993（平成5）年制定の「障害者基本法」に基づき、翌1994（平成6）年から毎年、政府が国会に提出する年次報告書である。（テキスト p.78、p.84）

第3問 【正答】　○

　ユニバーサルデザインの考え方は、特定の利用者を対象にその障壁を取り除いた**バリアフリー住宅の汎用性に疑問**をもったアメリカの**ロナルド・メイス**が、**1985（昭和60）年**に雑誌で提唱したもの。（テキスト p.80～81）

第4問 【正答】　×

　ユニバーサルデザインの考え方を進めていくと、物的環境づくりだけでなく社会制度を含めた生活全般にも目を向ける必要があり、**平等で差別感のない社会の実現をめざすという方向性**で、ユニバーサルデザインと**ノーマライゼーション**に本質的な違いはないといえる。（テキスト p.43、p.81）

第5問 【正答】　○

　すでに利用されている製品などを評価し、その結果を次の計画・設計に反映させてよりよいものをつくり出すという**一連の流れを繰り返すことで、段階的・継続的な発展を図る仕組みを**「**スパイラルアップ**」という。（テキストp.83）

第6問 【正答】　×

　国際連合は、障害者の「完全参加と平等」をスローガンに1981（昭和56）年を「**国際障害者年**」と定め、さらに1983（昭和58）年から1992（平成4）年までを「国連・障害者の十年」としてさまざまな施策を展開した。（テキスト p.82）

第7問 【正答】 ×
　アメリカでは1990（平成2）年に、障害者への差別を禁止し、障害者の社会参加 やその環境整備を促進させることを目的とする「**ADA（障害をもつアメリカ人法）**」が制定された。（テキスト p.82）

第8問 【正答】 ×
　日本では2006（平成18）年に、「**ハートビル法**」と「**交通バリアフリー法**」を合体させた「**バリアフリー法**」が制定・施行された。（テキスト p.82）

第9問 【正答】 ○
　2003（平成15）年に制定された**日本初**の**ユニバーサルデザイン関連条例**である「**浜松市ユニバーサルデザイン条例**」は、計画段階からの利用者の参画やスパイラルアップのしくみを採用したまちづくりを求めている。（テキスト p.83～84）

第10問 【正答】 ×
　「**福祉用具**」は高齢者や障害者に向けて作られた用具であり、身体機能の低下や障害を補い、自立を促す役割を担う。一方、「**共用品**」は特定の人にだけでなく、**より多くの人が使いやすいように作られた用具**である。（テキスト p.85）

第11問 【正答】 ○
　「**介護機器**」は日常生活での介護を容易にする機器。「**自立機器**」は利用者本人の日常生活での動作や行動などを便利あるいは容易にする機器。「**治療機器**」は心身機能を治療する機器。「**機能補填機器**」は喪失した機能を代替する機器。「**訓練機器**」は生活能力を訓練する機器。「**職業能力開発機器**」は職業能力の開発を行う機器。（テキスト p.97）

第12問 【正答】 ○
　車椅子は単に移動の補助だけでなく、歩けなくなった人が**座位をとって活動的な生活を送る**ためのものである。そのため、移動のための駆動方法を選定するほか、適切な姿勢の維持、容易に移乗できる要件等に配慮する必要がある。また、**上肢の機能や使用目的、場所、介助者の能力**などによって**使用**

するタイプが異なる。(テキスト p.100～104)

第4章 安全・安心・快適な住まい

第1問 【正答】 ○
　建築現場では、スロープの勾配を角度で示すことも多い。**1/12の勾配**（水平距離12mmで高低差 1 mm）の角度は**4.8度**、**1/15の勾配**（水平距離15mmで高低差 1 mm）の角度は**3.8度**、**1/10の勾配**（水平距離10mmで高低差 1 mm）の角度は**5.7度**である。(テキスト p.123～124)

第2問 【正答】 ×
　床下部分に**防湿土間コンクリート**を敷設したり、**床下全面に基礎となるコンクリートを敷設（べた基礎）**した場合は、 1 階居室の木造床面の高さを**450mmより低く**して建築することができる。(テキスト p.124)

第3問 【正答】 ×
　設問の高低差の記述は逆。和室の畳にくらべると洋室のフローリング材は薄いため、一般的に**和室の床面は洋室の床面より10～40mm程度高く**なっている。(テキスト p.124～125)

第4問 【正答】 ○
　最近の住宅では敷居段差が小さくなる傾向にあるが、わずかな段差でもつまずいて転倒したり、**車椅子の車輪がぶれて壁面に衝突**することがある。なお、「**日本住宅性能表示基準**」では、**5 mm以下の高低差（段差）**を「段差なし」として扱っている。(テキスト p.125)

第5問 【正答】 ○
　屋内外で同じ車椅子を使用すると、**車輪に付着した砂ぼこりや小石などで**、どうしても**床面を傷付ける**。出入りの際に車輪を拭いたり、出入り口に床マットを敷くなど、屋内を汚さない工夫も必要となる。(テキスト p.127)

第6問 【正答】 ×
　手すりの**直径**は、移動用の**ハンドレールが32～36mm程度**、移乗動作や立

ち座り用の**グラブバーは28～32mm程度**が目安。しっかり握ってつかまる必要のある**グラブバー**のほうが一回り細い。（テキスト p.127～128）

第7問 【正答】 ○

下地補強の範囲が狭いと、身体機能の低下などで使いやすい位置が変わっても、**手すりの位置を変えることが難しくなる。**（テキスト p.128～129）

第8問 【正答】 ○

福祉用具の展示場などで、手すりが浴槽にはめ込まれた状態やトイレに置かれた状態で**実際に使用する状況を再現**し、**使い勝手をよく確認**しておくとよい。（テキスト p.129）

第9問 【正答】 ×

介助用車椅子などの使用を考慮する場合、**建具の有効寸法は750mm以上**必要となる。**基準寸法が910mm（3尺）**で造られる木造住宅では、**建具の幅**は枠の<ruby>内法<rt>うちのり</rt></ruby>で通常**700mmより小さくなり**、車椅子の使用は困難になる。（テキスト p.130～131）

第10問 【正答】 ○

建具に付ける把手は、手指の動きや握力の低下で使い勝手が悪くなる。**ノブ（握り玉）の把手は、レバーハンドル型など操作性のよい把手への変更を検**討するとよい。（テキスト p.131）

第11問 【正答】 ○

広い部屋が確保できても、**家具が邪魔だと生活しにくくなり、介助などにも支障**を来しかねない。（テキスト p.136）

第12問 【正答】 ○

椅子での立ち座りを円滑に行うには、**椅子の形状、座面の高さや硬さ、肘かけの有無、安定性**などを総合的に検討する必要がある。（テキスト p.136）

第13問 【正答】 ×

収納扉は、開閉時のからだの前後移動が少なくてすむ**引き戸にするのが原**

則。**折れ戸は、開閉時のからだの前後移動は開き戸より少なくてすむが、折れた戸の部分に指が挟まれることがある**ので、利用者がうまく使えるか、ショールーム等で事前に確認しておく。（テキスト p.137）

第14問 【正答】 ○
　腰より低い部分の収納はしゃがみこんで行わなけばならず、**高齢者には負担**となる。また、**肩より高い部分の収納**はからだのバランスを崩しやすく、**危険**。（テキスト p.137）

第15問 【正答】 ×
　中央暖房方式（セントラルヒーティング）での暖房は、放熱体の放射効果を利用した**輻射暖房**が主流である。（テキスト p.140）

第16問 【正答】 ×
　洗面所や便器の色が白を基本とするのは、**痰や便、尿の色を確認**できるようにするためである。（テキスト p.138）

第5章　安心できる住生活とまちづくり

第1問 【正答】 ○
　近所に身寄りのいない**独居高齢者の増加**は、**大きな社会問題の一つ**である。（テキスト p.184）

第2問 【正答】 ×
　自治会よりも利害関係が深い**管理組合への参画が必要**となる。**管理組合は、区分所有の集合住宅**の管理運営に関する**決議機関**で、「区分所有法（建物の区分所有等に関する法律)」で規定されている。（テキスト p.185〜186）

第3問 【正答】 ○
　最近は、一般定期借地権付きの土地に住宅を建てる例が増えている。なお、**一般定期借地権の契約期間が過ぎたときは、更地にして返還**する必要がある。（テキスト p.186）

第4問 【正答】 ×

　1999（平成11）年制定の「**住宅品確法**」に基づき、高齢者等への配慮に関する項目を含む「**住宅性能表示制度**」が2000（平成12）年に始まった。（テキスト p.193）

第5問 【正答】 ×

　介護保険以外にも、「**高齢者住宅改造費助成事業**」や「**在宅重度障害者住宅改造費助成事業**」によって市町村が費用の一部を助成したり、「**高齢者住宅整備資金貸付制度**」および「**障害者住宅整備資金貸付制度**」や「**生活福祉資金貸付制度**」といった公的な融資制度もある。（テキスト p.194）

第6問 【正答】 ○

　「増改築相談員」や「マンションリフォームマネジャー」のほか、**市町村の所管**する「**住宅改良ヘルパー（リフォームヘルパー）**」も住宅改修の相談・助言などに対応する。（テキスト p.195）

第7問 【正答】 ○

　国土交通省と厚生労働省の共管により、**2011（平成23）年にサービス付き高齢者向け住宅**の登録制度が**開始**され、住居面ではバリアフリー構造で一定の住戸面積と設備が求められることになった。（テキスト p.199～200）

第8問 【正答】 ×

　「地域優良賃貸住宅制度」では、**一定の所得以下の入居者に対しては家賃補助が行われている。**（テキスト p.203）

第9問 【正答】 ○

　「マイホーム借上げ制度」は、**50歳以上の人が所有する一定以上の基準を満たす戸建住宅や集合住宅を、一般社団法人移住・住みかえ支援機構（JTI）が家賃を保証して借り上げたうえで、JTIがその住宅を子育て世代などに転貸す**るもの。借り上げ期間は最長で終身にわたる。貸した側は家賃が保証されるので、高齢を迎えたときの住みかえ費用の原資にもなりうる。（テキスト p.203～205）

第1問　【正答】　③

①　適切。介護保険制度は、1997（平成9）年12月に成立した介護保険法に基づく制度で、2000（平成12）年4月の同法施行により新たな社会保険制度として創設された。（テキスト p.23）

②　適切。従来の高齢者の福祉保険制度が市町村の判断で必要なサービスを提供する措置制度であったのに対し、介護保険制度は利用者みずからが選択する契約制度である。（テキスト p.23）

③　不適切。**サービス費用の利用者負担は原則1割で、65歳以上の一定以上所得者は費用の2割、現役並み所得者は費用の3割**を負担する。（テキスト p.23～24）

④　適切。創設から20年以上を経て、提供されるサービスは質・量とも向上してきており、より幅広いニーズへの対応も始まっている。（テキスト p.24）

第2問　【正答】　②

①　適切。介護保険の保険者は運営主体である市町村。（テキスト p.24）

②　不適切。**要介護度**は、**程度の軽いものから順に要支援1・2、要介護1～5**と区分され、数字が増えるほど程度は重くなる。（テキスト p.24、p.26）

③　適切。地域包括支援センターは、市町村が設置する高齢者の暮らしを地域でサポートするための拠点。居宅介護支援事業者は、介護支援専門員（ケアマネジャー）が利用者に合った介護サービス計画（ケアプラン）を作成する事業者。介護保健施設は、介護老人福祉施設（特別養護老人ホーム）、介護老人保健施設（老健）、介護療養型医療施設などの介護保険で利用できる入所型施設のこと。（テキスト p.25）

④　適切。要介護度の判定をもとに、認定結果が市町村から本人に通知（原則として申請から30日以内）される。（テキスト p.26）

第3問　【正答】　②

①　適切。同様に、要支援者の介護予防プランは地域包括支援センターに作成を依頼することが多い。（テキスト p.26）

②　不適切。40歳以上65歳未満の**第2号被保険者**が**介護予防・日常生活支援総合事業（総合事業）**のサービスを受ける場合は、**要介護認定の申請を行**

う必要がある。(テキスト p.27)

③ 適切。介護給付サービスは要介護者が、予防給付サービスは要支援者が利用できる。なお、施設サービスの対象は要介護者のみで、介護給付に限定されている。(テキスト p.28、p.30)

④ 適切。福祉用具貸与、特定福祉用具販売、住宅改修に関する給付サービスがある。(テキスト p.30、p.119、p.179)

●表2　介護保険で利用できるサービス

サービスの分類		サービス名	介護給付	予防給付	地域支援事業
居宅サービス	訪問サービス	訪問介護 (ホームヘルプ)	○		○
		訪問入浴介護	○	○	
		訪問看護	○	○	
		訪問リハビリテーション	○	○	
		居宅療養管理指導	○	○	
	通所サービス	通所介護 (デイサービス)	○		○
		通所リハビリテーション	○	○	
	短期入所サービス	短期入所生活介護	○	○	
		短期入所療養介護	○	○	
	居住系・施設系サービス	特定施設入居者生活介護	○	○	
	福祉用具利用・環境整備に関するサービス	福祉用具貸与	○	○	
		特定福祉用具販売	○	○	
		住宅改修	○	○	
地域密着型サービス	訪問サービス	定期巡回・随時対応型訪問介護看護	○		
		夜間対応型訪問介護	○		
	通所サービス	地域密着型通所介護	○		○
		療養通所介護	○		
		認知症対応型通所介護	○	○	
	居住系・施設系サービス	認知症対応型共同生活介護 (グループホーム)	○	○	
		地域密着型特定施設入居者生活介護	○		
		地域密着型介護老人福祉施設入所者生活介護	○		
	複合型サービス	小規模多機能型居宅介護	○	○	
		看護小規模多機能型居宅介護	○		
施設サービス		介護老人福祉施設 (特別養護老人ホーム)	○		
		介護老人保健施設	○		
		介護療養型医療施設	○		
		介護医療院	○		

※厚生労働省「介護保険制度の概要」「公表されている介護サービスについて」などを基に作成。

第4問　【正答】　②

① 適切。支援対象となる難病は、2013(平成25)年の法施行当初は130疾患だったが、2021(令和3)年11月からは366疾患にまで拡大している。

（テキスト p.35〜36）

② 不適切。障害者総合支援法に基づく支援サービスは、その大部分が市町村の運営だが、「**障害児入所支援**」など、**都道府県が運営する**ものもある。（テキスト p.36〜37）

③ 適切。「自立支援給付」は全国一律の基準で提供され、「地域生活支援事業」は地域の事情に応じて柔軟に実施される。（テキスト p.36）

④ 適切。障害福祉サービスを利用する際、「障害者支援区分」の認定が必要となるのは「介護給付」と一部の「訓練等給付」。障害者支援区分は6段階あり、支援の度合い「区分6」が最も高い。（テキスト p.36〜38）

第5問 【正答】 ④

① 適切。段差は高齢者の生活動作を著しく損ない、転倒や転落事故の原因にもなる。（テキスト p.17〜18）

② 適切。軸組構法の木造住宅では、柱と柱の間の芯─芯距離を尺貫法の一間（6尺≒1,820mm）あるいは半間（3尺≒910mm）で割り付けていることが多く、廊下や階段などの幅員（有効寸法）が狭くなりやすい。また、生活の洋風化で家具類が多くなり、室内も手狭になっている。（テキスト p.18、p.180）

③ 適切。和式の生活洋式は、高齢者や障害者には負担となる動作を強いることになる。（テキスト p.18）

④ 不適切。冬の寒い時期、居間や寝室は暖房しても、浴室やトイレなどに暖房を入れている住宅はまだ少なく、**室内の温度差は大きい**といえる。特に**心筋梗塞**などの循環器系の疾患がある場合、**室内の温度差がある環境は不適切**である。（テキスト p.18）

第6問 【正答】 ②

① 適切。数値は、厚生労働省の調査による。（テキスト p.13）

② 不適切。**認知症**の**中核症状**は、**記憶障害**や**判断力の低下**、**失見当識**など、**脳機能の低下を直接反映した症状**のこと。一方、**徘徊、異食、せん妄、興奮、暴力行為**などは、中核症状によって引き起こされる二次的な「**周辺症状**」（最近では「**行動・心理症状（BPSD）**」と呼ばれることが多い）である。（テキスト p.13）

③ 適切。最近では認知症の前段階、あるいは健常と認知症の中間にある状

態として、軽度認知障害（MCI）が注目されている。（テキスト p.64）

④　適切。脳血管性認知症は動脈硬化や脳血管疾患が原因となり、アルツハイマー型認知症は脳細胞の老化に伴う脳の萎縮に起因する。（テキスト p.13、p.64）

第7問　【正答】　④

①　適切。リハビリテーション・プログラムは、対象者に関わるさまざまな専門家たちがチームを組んで策定し、行うことがある。（テキスト p.70）

②　適切。収尿器は尿を収集・貯留する器具のこと。尿道に受尿器を当てて採尿し、チューブを通って排尿袋に尿がたまる。（テキスト p.70）

③　適切。対麻痺がある場合は、長下肢装具を両足に装着することがある。（テキスト p.71）

④　不適切。**プッシュアップ動作とは、腕の力で座面を押して殿部を持ち上げる**動作のことで、脊髄損傷などで**下半身に感覚麻痺**がある人の**臀部の褥瘡予防**で必要となる。（テキスト p.71）

第8問　【正答】　④

①　適切。障害者の自立生活は、それを支える人がいなければ成り立たない。（テキスト p.76）

②　適切。機能障害や活動制限を超えて、障害者が充実した日常生活をおくれるようにするには、適切な医療・リハビリテーション・介護サービスが欠かせない。（テキスト p.76）

③　適切。福祉用具の活用や住環境の整備による支援では、福祉住環境コーディネーターの果たす役割も大きい。（テキスト p.76）

④　不適切。**障害者理解への啓蒙活動は、地域社会や職場でも取り組むべき課題**である。（テキスト p.76）

第1章〜第5章　四択問題2

第1問　【正答】　③（ウ・エ）

ア　不適切。日本の**社会福祉関連の法律は、18歳を一つの区切り**としている。（テキスト p.69）

イ　不適切。**複数の障害がある**場合は「重複障害」という。（テキスト p.69）

ウ　適切。「重症心身障害」は医学的診断名ではなく、行政上の呼び方。(テキスト p.69)

エ　適切。「知的障害」は、認知や言語などにかかわる知的機能の障害が発達期（おおむね18歳未満）に現れ、日常生活でさまざまな不自由が生じている状態のこと。「発達障害」は、幼少期から現れる発達のアンバランスさによって、脳内の情報処理や制御に偏りが生じてうまく機能せず、日常生活に困難をきたしている状態のこと。(テキスト p.69)

第2問　【正答】　①（ア・ウ）

ア　適切。国際連合障害者生活環境専門家会議のまとめた報告書である「Barrier Free Design」（以下、報告書）により、バリアフリーの概念が世界的に普及した。(テキスト p.78)

イ　不適切。「**ミスター・アベレージ（平均的な人体寸法の男性）**」は、**統計上の標準的な体格の人間の寸法や運動量能力**をもとに想定された**架空の男性像**。これを規格にして建築物の整備が行われたため、**障害者など規格から外れた人には使えない環境がつくられた**と、「報告書」は「**ミスター・アベレージ**」を否定的に評価している。(テキスト p.78)

ウ　適切。「報告書」は、人間のつくり出した「物理的な障壁」や「社会的な障壁」により、障害のある人の生活がさまざまな制約を受けていると指摘している。(テキスト p.78)

エ　不適切。「報告書」は、**公共施設や公共交通機関を利用し、働き、教育を受け、文化に接し、スポーツ等を楽しみ、住宅を選ぶことは、障害のある人にも障害のない人と同様に認められる権利**であると言及している。(テキスト p.78)

第3問　【正答】　②（ア・ウ）

ア　適切。共用品の5つの原則は、公益財団法人共用品推進機構が定めたもの。ほかに「多様な人々の身体・知覚特性に対応しやすい」こと、「視覚・聴覚・触覚など複数の方法により、わかりやすくコミュニケーションできる」こと、「弱い力で扱える、移動・接近が楽など、身体的負担が少なく利用しやすい」ことが挙げられている。(テキスト p.86)

イ　不適切。**共用品の英語訳は、「アクセシブルデザイン（Accessible design）」。**(テキスト p.85)

ウ　適切。シャンプー容器の側面にあるギザギザは、1社の配慮が他社にも広がった好例の一つ。（テキスト p.91）

エ　不適切。「ISO/IECガイド71」は、**日本産業標準調査会（JISC）**が**国際標準化機構（ISO）**の消費者政策委員会に、**高齢者および障害者への配慮を行うためのガイド作成を提案したこと**がきっかけになって、**2001（平成13）年**に制定された。（テキスト p.92）

第4問　【正答】　③（ア・エ）

ア　適切。座席昇降式車椅子は、座面（シート）の高さを調節できる車椅子。姿勢変換機能がある車椅子には、背もたれ（バックサポート）を倒せるリクライニング式車椅子や、座った姿勢のまま座面全体の角度を変えるティルト式車椅子があり、リクライニング機能とティルト機能の両方を有する車椅子もある。（テキスト p.102〜103）

イ　不適切。「**スロープ**」は**段差を緩やかな勾配に変える**ための用具で、あまり**高低差のない段差解消**に使われる。**比較的大きな段差解消**に使われる**垂直移動装置**は「**段差解消機**」。（テキスト p.104〜105）

ウ　不適切。階段昇降機（階段昇降装置）には、階段に固定したレールに椅子を取り付け、その椅子をレールに沿って走行させて昇降する「**固定式階段昇降機**」のほか、車椅子や人を乗せて階段を昇降する「**可搬型（自走式）階段昇降機**」がある。（テキスト p.105〜106）

エ　適切。移動用リフトには、床走行式リフトなどの「移動式リフト」、浴室の固定式リフトなどの「設置式（固定式）リフト」、据置式リフトなどの「レール走行式リフト」がある。（テキスト p.106〜108）

第5問　【正答】　②（イ・エ）

ア　不適切。**排泄関連の福祉用具は、利用者の状態に合わせて選択**すべきであり、**尿意や便意の有無、排泄をコントロールできるかどうか**が状態評価のポイントになる。一般に、**ベッドサイドでの端座位が可能**ならば、おむつや尿器ではなく、**ポータブルトイレ等の活用**を検討する。（テキスト p.110〜111）

イ　適切。入浴関連の福祉用具には、洗体時の座位を安定させる「入浴用椅子」、脱衣場などと浴室との間の移動で使われ、段差がなければ直接浴室に入ってシャワー浴が可能な「シャワー用車椅子」、浴槽への出入りを安全に補助

する「バスボード」などがある。（テキスト p.112～114）

ウ　不適切。利用者に**片麻痺があるとき**は、病状のない**健側から浴槽に入れるようにバスボードを設置**する必要がある。（テキスト p.113）

エ　適切。たとえば聴力に問題があるなら、補聴器と携帯電話のメール機能やファックスなどを組み合わせるなど、コミュニケーション障害への支援は複数の補完・代替手段を組み合わせて対応する。また、緊急時や非常時のコミュニケーション手段についても、十分に検討しておく必要がある。（テキスト p.114～115）

第6問　【正答】　③（ウ・エ）

ア　不適切。**和式浴槽は深さがあって肩までつかれる**が、床面積が狭いので**膝を曲げて入浴**する必要がある。また**洋式浴槽**は、**深くはないものの床面積が広く、足を伸ばして入浴**できる。一般的によいとされる浴槽は、適度にからだを伸ばせて、肩までつかれる**和洋折衷式浴槽**である。（テキスト p.18、p.166）

イ　不適切。**深さ600mmは和式浴槽にあった深さ**。出入りや姿勢保持姿勢保持などを考慮すると、**深さは500mm程度**にするのが望ましい。（テキスト p.18、p.166）

ウ　適切。特に高齢者や障害者では、ヒートショックを起こして浴槽内で意識が朦朧になったときなどの緊急時に、足が伸び切ってしまうほどの長さだとからだを支えづらく、溺れるおそれもある。（テキスト p.166～167）

エ　適切。洗い場の床から400～450mm程度なら立位でまたぎ越しができる高さであり、介助が必要な場合も、浴槽縁部分に入浴用椅子や入浴台を置けば、そこに腰掛けた姿勢で浴槽に出入りできる。（テキスト p.166）

第7問　【正答】　①（ア・エ）

ア　適切。「**大規模小売店舗立地法（大店立地法）**」は、地域社会への影響が大きい大型小売店の出店を調整するしくみである。1998（平成10）年に公布、2000（平成12）年に施行された。（テキスト p.217）

イ　不適切。「**中心市街地活性化法**（中心市街地の活性化に関する法律）」は、**空洞化の進む地方都市等の中心市街地の活性化を支援**する法律。1998（平成10）年の施行。（テキスト p.217）

ウ　不適切　2018（平成30）年公布・施行の「**ユニバーサル社会実現推進法**」

や、東京オリンピック・パラリンピック大会を契機とした共生社会の実現や「心のバリアフリー」に係る施策など、ソフト対策を強化するために、**バリアフリー法は2018（平成30）年と2020（令和2）年の2回、改正**されている。なお2020（令和2）年の改正内容は、2021（令和3）年に施行された。（テキスト p.218）

エ　適切。2020（令和2）年のバリアフリー法改正で、市町村の定める移動等円滑化促進方針（マスタープラン）に「心のバリアフリー」に関する事項が追加され、市町村の基本構想に記載するメニューとして、心のバリアフリー関連事業の「教育啓発特定事業」も追加された。（テキスト p.218～220）

第4回模擬試験　解答・解説

第1章　暮らしやすい生活環境をめざして

第1問　【正答】　○

　日本は典型的な少子高齢社会で、**社会保障費が増加し続けることを背景に**、高齢者施策や少子化対策といった個々の対策だけでなく、今後、**どのような社会のあり方を求めていくのかという視点が最も重要視**されることになる。（テキスト p.2～3）

第2問　【正答】　×

　2025（令和7）年は、1947（昭和22）年から1949（昭和24）年にかけての**第1次ベビーブームに生まれた団塊の世代すべてが**、生存していれば**75歳以上になって元日を迎える年**であり、2065（令和47）年には65歳以上の高齢化率が**38.4%**に達する。（テキスト p.2）

第3問　【正答】　×

　厚生労働省の「国民生活基礎調査」によれば、**2019（令和元）年時点の総世帯数は5,178万5千世帯**で、**65歳以上の高齢者がいる世帯は全世帯の49.4%**を占める。高齢者のいる世帯では「**夫婦のみの世帯**」（**32.3%**）と一人暮らしの「**単独世帯**」（**28.8%**）が**大きな割合を占める**。「国民生活基礎調査」は毎年実施され、3年に一度大規模調査（間の年は簡易調査）が行われる。（テキスト p.3）

第4問　【正答】　×

　設問の内容は**平均余命**の定義。**平均寿命は、0歳の人が、その後何年生きるであろうと期待される平均年数**のこと。2020（令和2）年時点での日本人の平均寿命は、男性が81.64歳、女性が87.74歳（簡易生命表に基づく2022〈令和4〉年時点の数値は男性81.47歳、女性87.57歳）。（テキスト p.3、p.51）

第5問 【正答】 ○

　良質な住宅ストックの形成や、若年期からの計画的な持ち家取得への支援の推進は、2018（平成30）年決定の「**高齢社会対策大綱**」が「生活環境」の分野で掲げた「**豊かで安定した住生活の確保**」の施策のうち、「**次世代へ継承可能な良質な住宅の供給促進**」をするための具体的な内容として示されている。（テキスト p.7）

第6問 【正答】 ○

　2018（平成30）年決定の「**高齢社会対策大綱**」は、「**高齢者の居住の安定確保**」に関連して、**リバースモーゲージの普及**のほか、2017（平成29）年の改正「**住宅セーフティネット法**」に基づき、民間賃貸住宅などの空室や空き家を活用した**高齢者等の住宅確保要配慮者向け賃貸住宅の供給推進**や、地方公共団体・不動産関係団体・居住支援団体などの連携で組織された**住宅確保要配慮者居住支援協議会**（居住支援協議会）**への支援**も行うとしている。（テキスト p.7～8、p.187、p.197）

第7問 【正答】 ×

　日本では、1971（昭和46）年から1974（昭和49）年にかけて**第2次ベビーブーム**の時期に出生数が増加したが、1975（昭和50）年には**合計特殊出生率が2.00を下回り**、以降は前年を上回る年はあるものの、出生数・合計特殊出生率とも減少傾向にある。（テキストp.2、p.8）

第8問 【正答】 ○

　2020（令和2）年の「**少子化社会対策大綱**」（第4次大綱）では、**5項目の基本的な考え方**と、各項目に対応する重点課題を示している。「地域の実情に応じたきめ細かな取り組みを進める」は3番目の基本的な考え方で、「結婚・子育てに関する地方公共団体の取り組みに対する支援」と、「地方創生と連携した取り組みの推進」を重点課題として挙げている。（テキスト p.9～10）

第9問 【正答】 ○

　「**支援費制度**」はその後、2006（平成18）年施行の「**障害者自立支援法**」に移行し、障害者自立支援法を改正して2013（平成25）年に施行された「**障害者総合支援法**（障害者の日常生活及び社会生活を総合的に支援するための法

律)」へつながっていく。(テキスト p.35)

第10問 【正答】 ×
　障害児のみを対象にした「**障害児相談支援**」は、児童福祉法に基づいて提供**される相談支援サービス**である。(テキスト p.36)

第11問 【正答】 ○
　福祉住環境コーディネーターには、「**住宅は生活の基盤**」との考えの下に、**医療・保健・福祉・建築などに関する知識を身に付け**、住宅に関するさまざまなニーズを発見し、各専門職と連携をとりながら**具体的な事例に適切に対処できる人材**が求められる。(テキスト p.21、p.29)

第2章　健康と自立をめざして

第1問 【正答】 ×
　元気な高齢者への日本の追跡調査によれば、「**動作性能力**」は加齢とともに**下降するが、「言語性能力」は70 ～ 80歳代になっても低下することなく、むしろ上昇する**ことが判明。両者を総合した知能テスト（WAIS尺度得点）では、加齢による下降はみられないという結果が出た。(テキスト p.49)

第2問 【正答】 ×
　ウェル・ビーイングであるためには、「**天寿の全う**」「**生活の質（QOL）の維持**」および「**社会貢献**」の３つの要素が欠かせない。そしてどの要素も、よい健康状態があってこそ可能になる。(テキスト p.50)

第3問 【正答】 ○
　高齢者は多少の病気はかかえていても、**日常生活で自立して暮らせる能力（生活機能）があれば健康である**と判断され、一般に自立の度合いを判定する基準となるのが「**日常生活動作（ADL）**」である。(テキスト p.51)

第4問 【正答】 ○
　介護や支援が必要な高齢者が増える一方で、**元気な高齢者も増えているの**も事実で、今後は元気な高齢者の労働を含めた社会参加が求められる。(テキ

スト p.54)

第5問 【正答】 ○

　「要介護」と「要支援」は、同じ用語でも**老年学で使う場合**と**介護保険制度な**ど行政施策で用いる場合とでは**分類が異なり**、意味合いが違ってくる。**老年学では「障害」を「要介護」、「虚弱」を「要支援」と呼び**、人口分布では障害（＝要介護）よりも、部分的なサーポートを必要とする虚弱（＝要支援）のほうが多数を占める。一方、**介護保険制度では、「要支援」のサービスを受けている人よりも、「要介護」のサービスを受けている人のほうが多い**。（テキストp.54～55）

第6問 【正答】 ○

　障害者の権利保障の面だけでなく、機能障害や活動制限のある人でも、**充実したライフスタイルをおくり、介護や支援をしている家族とともに自由な時間をもち、社会的な交流活動を行っている**ケースがたくさんあることを知っておく必要もある。（テキスト p.70）

第7問 【正答】 ○

　このほか、「**本人の意欲や周囲の理解と支援体制**」「**適切な医療やリハビリテーション**」などとともに「**地域社会や職場内での取り組み**」も、障害者の充実した在宅生活と社会参加を実現するために欠かせない要因となる。（テキスト p.76）

第3章　バリアフリーとユニバーサルデザイン

第1問 【正答】 ×

　「Barrier Free Design」のなかで触れている**ミスター・アベレージ**とは、「**平均的な人体寸法の男性**」という意味で、統計上の標準的な体格の人間の寸法や運動能力をもとにした、**実際には存在しない想定上の人物像**のこと。これに合わせて建築物などが整備された結果、その想定から外れた障害者などには暮らしにくい環境がつくられたと、「**Barrier Free Design**」**はミスター・アベレージの弊害を指摘**した。（テキスト p.78）

第2問 【正答】 ○

　障害者の直面する社会的障壁を取り除くのは社会の責務だとする考え方は「障害の社会モデル」と呼ばれる。この影響を受け、日本は**1995（平成7）年**版の障害者白書（副題：「バリアフリー社会をめざして」）のなかで、障害者の活動を阻害する要因として、「**物理的**」「**制度的**」「**文化・情報面**」「**意識上**」の**4つのバリア**を指摘し、バリアのない社会環境の必要性を示した。（テキストp.78〜79）

第3問 【正答】 ×

　「**Barrier Free Design**」は、平等な社会参加は万人に認められた共通の権利であり、**バリアによって特定の人が社会資源を利用できず、参加できないような状況は改善すべき**だと述べている。すべてのバリアを解消するのは容易ではないが、**バリアフリーは平等な社会参加の実現が最終的な目標**であり、そのための**問題解決の手段の一つ**でもある。（テキスト p.79）

第4問 【正答】 ×

　ユニバーサルデザインは、アメリカの建築家・製品デザイナーである**ロナルド・メイス**が**1985（昭和60）年**に雑誌で提唱した**建物や施設等の設計の考え方**。メイスは、特定の利用者に特化して造られたバリアフリー住宅への批判的見地から、**バリアがあることを前提にするのではなく、元からバリアが生じないような設計を提案**し、**ユニバーサルデザインによる誰もが平等で差別感を感じずにすむ社会環境の創造**を訴えた。（テキスト p.79〜80）

第5問 【正答】 ×

　ユニバーサルデザインは、「**すべての人々に対し、その年齢や能力の違いにかかわらず、（大きな）改造をすることなく、また特殊なものでもなく、可能な限り最大限に使いやすい製品や環境のデザイン**」と定義される。「**可能な限り最大限に**」には、すべての人々にとって使いやすい製品や環境は実現不可能であっても、**よりよいものをめざす姿勢が重要**で、**少しずつ前進させていく**という提唱者・メイスの意図が込められている。（テキスト p.80〜81）

第6問 【正答】 ×

　「**障害者白書**」は、1970（昭和45）年施行の心身障害者対策基本法を改正し

て成立した、1993（平成5）年施行の障害者基本法第13条で策定が義務づけられた政府の年次報告書で、初回の報告は1994（平成6）年。障害者総合支援法は2013（平成25）年4月の施行。（テキスト p.35、p.43、p.78）

第7問 【正答】 ○

「国際障害者年」やこれに続く「国連・障害者の十年」とともに、1990（平成2）年制定の「ADA（障害をもつアメリカ人法）」の刺激を受け、日本では自治体レベルで「福祉のまちづくり条例」の策定が一気に進み、国レベルでも1994（平成6）年に「ハートビル法」、2000（平成12）年には「交通バリアフリー法」が成立した。（テキスト p.82）

第8問 【正答】 ×

（公財）共用品推進機構は、共用品を「身体的な特性や障害にかかわりなく、より多くの人々が共に利用しやすい製品・施設・サービス」と定義している。（公財）共用品推進機構は、共用品や共用サービスの開発と普及によるバリアフリー（共用）社会の実現を活動目的として、1999（平成11）年4月に設立された。（テキスト p.86）

第9問 【正答】 ○

共用品の普及のためには、多くの企業や関係機関がより多くの人たちのニーズを受け入れ、配慮部分をいかに標準化するかが重要な課題。配慮点の不統一は利用者の混乱を招くなど、共用品本来の趣旨に反しかねない。（テキストp.91〜92）

第10問 【正答】 ×

高齢者・障害者配慮設計指針として、はじめて日本工業規格（現・日本産業規格〈JIS〉）に制定されたのは、1996（平成8）年の「プリペイドカードの切り欠き」で、その後に「スイッチ部への凸表示」「包装容器における触覚識別・開封性」などの規格がつくられた。（テキスト p.92）

第11問 【正答】 ×

つえの高さは、手首あるいは足の付け根（大腿骨大転子）の高さに合わせる。市販のつえは、プッシュボタンによって長さが調節できるものが多く、身長

や身体機能に合わせて調節する。(テキスト p.99)

第12問 【正答】 ○

急性期を除き、ベッド上の生活は**寝たきりになるリスクを著しく増大**させる。足を投げ出して座る**長座位から**、ベッドの端に腰かける**端座位を経て、寝たきりから解放されることを目標に、特殊寝台(介護ベッド)を使用**するのが望ましい。なお、認知症高齢者など予想外の行動がみられる人は、**サイドレール**(ベッドの柵)**とヘッドボードなどの間に頸・手首・足首・胸などを挟んだり、ベッドから転落**することもあるので、十分な注意が必要である。(テキスト p.108)

● 表3　主な福祉用具の例

移動・移乗	つえ	C字型つえ(ステッキ)、T字型つえ、多脚つえ(多点つえ)、ロフストランド・クラッチ(前腕固定型つえ)
	歩行器・歩行車など	交互型歩行器、固定型歩行器、二輪歩行車、四輪歩行車、シルバーカー
	車椅子	自走用(自操用)標準形車椅子、介助用標準形車椅子、リクライニング式車椅子、標準形電動車椅子など
	スロープ	平面型、くさび型、レール式、据置型、折りたたみ式など
	段差解消機	パンタグラフ式、フォークリフト式
	階段昇降機(階段昇降装置)	固定型階段昇降機(階段昇降機)、可搬型(自走式)階段昇降機、
	移動用リフト	床走行式、固定(据置)式(住宅設置式、機器設置式)、レール走行式(据置式、天井走行式)
起居・就寝	特殊寝台(介護用ベッド)	手動式、電動式
	ベッドから車椅子等への移乗、体位変換	スライディングボード、スライディングマット、スライディングシート、
	床ずれ防止用具	ウレタンマットレス、エアマットレス、ゲル状のマットレス、ウォーターマットレス、医療用ムートンなど
排泄・入浴	排泄関連用具	ポータブルトイレ、立ち上がり補助便座、補高便座、据置式便座(床置き式補高便座)
	入浴関連用具	入浴用椅子、入浴用車椅子、シャワー用車椅子、バスボード、入浴台(ベンチ型シャワー椅子)など
コミュニケーション支援用具		弱視用の眼鏡、視覚障害者用の拡大読書機、点字器、補聴器、携帯用会話補助装置など
自助具		リーチャー、ストッキングエイド(靴下・ソックスエイド)、ボタンエイド、長柄ブラシ、固定式爪切りなど
介護ロボット		見守りロボット、移乗支援ロボット、移動支援ロボット、コミュニケーションロボットなど

第4章　安全・安心・快適な住まい

第1問　【正答】　×
　住居の玄関から道路までの通路は、通常、アプローチと呼んでいる。（テキスト p.147）

第2問　【正答】　○
　段差解消でミニスロープを使うときは、足を滑らせず、つまずかせないようにすることが大事なポイント。なお、車椅子など、ミニスロープで段差を解消してもうまく移動できないときは、低いほうの床面に合板や木材を張ってかさ上げし、その上に新しく床を敷く方法も検討する。（テキスト p.124〜125）

第3問　【正答】　×
　踏面150mm以上、蹴上げ230mm以下は、建築基準法の定める階段の寸法基準。高齢者や障害者が利用する場合は、踏面は基準よりも広く300〜330mm程度、蹴上げは基準よりもゆるやかな110〜160mm程度とするのがのぞましいとされる。（テキスト p.123、p.147）

第4問　【正答】　○
　防湿土間コンクリートの敷設や、床下全面にコンクリートを敷設するべた基礎による湿気対策をとることで、木造家屋の床面は建築基準法の定める最低ラインの450mmよりも下げられるが、通気性や給排水管などのメンテナンスに問題が生じやすく、事前に十分な検討が必要となる。（テキスト p.124）

第5問　【正答】　×
　床面にフラットレールを設置する場合も、V溝レールを埋め込む場合でも、敷居段差は5mm以下にするのがのぞましい。「日本住宅性能表示基準」では、5mm以下の高低差（段差）を「高低差なし」として扱っている。（テキスト p.125〜126）

第6問　【正答】　○
　　床板にV溝レールを埋め込む場合、レールと床仕上げ材との間の**すきまが空きやすいので、レールの固定を堅固にする**ことが重要である。（テキストp.125～126）

第7問　【正答】　×
　　選択時の考慮点が不適切。**床材を選ぶときは滑りにくさ、強さ（傷付きにくさ）を考慮**する。（テキスト p.126～127）

第8問　【正答】　×
　　動線は、建築物や都市における人や物の動きを示す線のこと。**動線上を往復**することを考えれば、**ハンドレールは両側に設置するのがのぞましい。**（テキスト p.127～128）

第9問　【正答】　○
　　床固定も建築工事（工事）とみなされる。浴室やトイレに設置する手すりのうち、工事を伴わない手すりは**介護保険の「福祉用具貸与」**（浴槽用手すりは「福祉用具購入費」の支給の対象）となり、床固定を含む工事を伴う手すりは**介護保険の「住宅改修費」の支給の対象**になる。（テキスト p.129～130、p.179）

第10問　【正答】　○
　　机のテーブル板（天板）が厚いと、**椅子や車椅子の肘かけ（アームサポート）が当たってしまい、椅子や車椅子がスムーズに入れなくなって、**結果的に机がうまく使えなくなることがある。また、**椅子や車椅子を入れる際に、机の脚が邪魔にならないか確認**する必要がある。（テキスト p.136）

第11問　【正答】　×
　　高齢者の熱中症は住宅内で就寝中に発症することが多く、就寝中の冷房方法に十分配慮する必要がある。（テキスト p.140）

第12問　【正答】　○
　　非常時の通報先として警備会社と契約するときは、**防災や防犯の警報もセッ**

トになっていることが多いので、高齢者などの利用者自身が各種装置や警報の設定を行えるかどうかも確認しておく。（テキスト p.141~142）

第13問 【正答】 ○

　庭やテラスで園芸を楽しむ高齢者にとっては、**庭などに居室から気軽に出られるように外構の環境を整備することも重要**である。（テキスト p.152）

第14問 【正答】 ×

　引き分け戸は両方の戸を開けられるので、**間口が広くとれる**。（テキスト p.173）

第15問 【正答】 ○

　タイルカーペットは、カーペット材を450mm角や500mm角などの**タイル状にカットして床に敷いたものの総称**。汚れた場合は予備のものに張り替えて、汚れた部分を洗浄する。抗菌・防汚処理された製品もある。（テキスト p.174）

第16問 【正答】 ×

　2004（平成16）年の消防法改正などにより、**新築・既存を問わず、すべての住宅に住宅用火災警報器の設置が義務づけられている**。（テキスト p.142、p.175）

第5章 **安心できる住生活とまちづくり**

第1問 【正答】 ○

　住宅団地にはダイニングキッチンが取り入れられ、**寝食分離**や椅子座の食事など、**日本人のライフスタイルが大きく変化**していくきっかけになった。なお、核家族の場合、**子どもが独立したあとには高齢者夫婦だけが残る**ことになり、介護や住環境の整備といった社会的支援が求められる比重が大きい。（テキスト p.183~184）

第2問 【正答】 ×

　自立生活運動（Independent Living＝**IL運動**）は、**重度の障害があっても、**

自己決定に基づき、**自分の人生を自立して生きることをめざす**活動や運動のこと。アメリカのカリフォルニア州バークレーで始まり、日本の障害者運動にも多大な影響を与えている。(テキスト p.184)

第3問 【正答】 ×

故郷以外の地域への移住は**Iターン**といい、都会で生まれ育った人が地方へ移住することに代表される。Uターンは地方出身者が都会から再び故郷に戻ること。Jターンは地方出身者が故郷とは別の地方に都会から移住すること。(テキスト p.185〜186)

第4問 【正答】 ○

ケアハウスは**バリアフリー化**され、**食事サービス**などの生活支援などが受けられる**老人福祉施設**。「軽費老人ホームC型」と呼ばれることもあるが、「軽費老人ホームA型」と「軽費老人ホームB型」は1990(平成2)年以降新設されておらず、将来的にはC型のケアハウスに一本化される方向にある。なお、近年では一部の都市で、利用料の低廉化が図られた「都市型軽費老人ホーム」が誕生している。(テキスト p.188〜189)

第5問 【正答】 ○

現在の在宅介護支援センターは、**地域包括支援センターのブランチあるいはサブセンターと位置づけられ**、住民のより身近な相談窓口となっている。(テキスト p.194〜195)

第6問 【正答】 ×

介護実習・普及センターは、**地域住民への介護知識・介護技術の普及を図る**ために、一般住民向けの**実習会**や**福祉用具の展示、福祉用具・介護に関する相談業務**などを行う機関。(テキスト p.195)

第7問 【正答】 ×

親子2世代にわたって住宅ローンの債務を継承する**親子リレー返済を実施しているのは**、かつての住宅金融公庫の業務を引き継いだ**独立行政法人住宅金融支援機構**。親子リレー返済に関する所定の要件を満たせば、満70歳以上であっても長期固定金利住宅ローン金融(フラット35)を利用できる。**一般**

社団法人移住・住みかえ支援機構（JTI）が実施しているのは「マイホーム借上げ制度」。（テキスト p.202〜203）

第8問 【正答】 ○

　UR都市機構が2013（平成25）年から実施する「近居割」のこと。**子育て・高齢者等世帯と支援する親族世帯の双方が、同一駅圏**（概ね半径2km以内）**のUR賃貸住宅に近居**することになった場合、**新たに入居する世帯の家賃を5年間割り引く**（原則5％、子育て世帯へは最大で20％）。近居する世帯が同時に入居した場合は、双方に割引が適用される。2015（平成27）年からは、特定のエリア限定で、近居の一方の対象をUR以外の住宅にも広げた「近居割ワイド」も試行実施されている。（テキスト p.204〜205）

第9問 【正答】 ○

　ケアプランなど、対人支援を行う計画で重要なのは支援対象者（利用者）のニーズがどこにあるか探ることである。専門家が必要だと判断して提示する**ノーマティブニーズ**（normative needs）だけでなく、利用者がやってほしいと感じている**フェルトニーズ**（felt needs）も十分考慮したうえで、真のニーズ（**リアルニーズ**〈real needs〉）がどこにあるのか見極める必要がある。（テキスト 事例集p.247〜251）

第1章〜第5章　四択問題1

第1問 【正答】 ③

① 　適切。「高齢社会対策基本法」は日本の高齢社会対策の基本理念と方向性を示した法律。「高齢社会対策大綱」は高齢社会対策基本法第6条に基づき、閣議（内閣の会議）決定で、政府が推進すべき基本的かつ総合的な高齢社会対策の指針を定めたもの。（テキスト p.5〜6）

② 　適切。高齢社会対策大綱の直近の見直しは、2018（平成30）年2月に行われた。（テキスト p.6）

③ 　不適切。**2018（平成30）年の高齢社会対策大綱は、「就業・所得」「健康・福祉」「学習・社会参加」「生活環境」「研究開発・国際社会への貢献等」「全ての世代の活躍増進」の6つの分野**ごとに、施策の指針を示している。（テキスト p.7）

④　適切。「豊かで安定した住生活の確保」の施策では、「次世代へ継承可能な良質な住宅の供給促進」「循環型の住宅市場の実現」「高齢者の居住の安定確保」の3つが柱となっている。（テキストp.7～8）

第2問　【正答】　③

①　適切。前年の1989（平成元）年の合計特殊出生率が1.57と判明したこと（1.57ショック）がきっかけとなった。（テキストp.8）

②　適切。エンゼルプランは「今後の子育て支援のための施策の基本的方向について」が、新エンゼルプランは「重点的に推進すべき少子化対策の具体的実施計画について」が正式名称。エンゼルプランや新エンゼルプランの策定により、子育てと仕事の両立支援や子どもを産み育てやすい環境づくりに向けた施策が、幅広い観点から実施されていった。（テキストp.8～9）

③　不適切。歯止めのかからない少子化傾向に対して、2003（平成15）年には「**少子化社会対策基本法**」が成立し、これに基づいて2004（平成16）年には「**少子化社会対策大綱**」が策定された。（テキストp.9）

④　適切。2020（令和2）年の少子化社会対策大綱（第4次大綱）は、「希望出生率1.8」の実現に向け、「令和の時代にふさわしい環境を整備し、国民が結婚、妊娠・出産、子育てに希望を見出せるとともに、男女が互いの生き方を尊重しつつ、主体的な選択により、希望する時期に結婚でき、かつ、希望するタイミングで希望する数の子供を持てる社会をつくること」を基本的目標に掲げている。（テキストp.9）

第3問　【正答】　①

①　不適切。「自立支援給付」が全国一律の基準で提供されるのに対し、「**地域生活支援事業**」は地域の特性に応じて柔軟に実施される。（テキストp.36）

②　適切。障害福祉サービスは、介護を支援する「介護給付」と、訓練などを支援する「訓練等給付」に分けられる。（テキストp.36～37）

③　適切。障害支援区分（区分1～区分6）は、「調査」「判定（一次判定・二次判定）」「認定」の3段階の手続を経て決定される。（テキストp.37～38）

④　適切。指定特定相談支援事業者による支給決定前の「サービス等利用計画案」の作成、支給決定後のサービス担当者会議の運営、および「サービス等利用計画書（ケアプラン）」の作成において、ケアマネジメントが行われている。また、サービス開始後の見直しや修正（モニタリング）もケアマネジ

メントの一環である。(テキスト p.38〜39)

●表4　障害者総合支援法に基づく障害者・障害児への主な支援サービス

障害福祉サービス	介護給付 (＊障害児も利用できる)	居宅介護 (ホームヘルプ)＊ 重度訪問介護 同行援護＊ 行動援護＊ 重度障害者等包括支援＊ 短期入所 (ショートステイ)＊ 療養介護 生活介護 施設入所支援 (障害者支援施設での夜間ケア等)
	訓練等給付 (障害児は対象外)	自立訓練 就労移行支援 就労継続支援 (A型＝雇用型、B型＝非雇用型) 就労定着支援 自立生活援助 共同生活援助 (グループホーム)
	相談支援	計画相談支援 地域相談支援
障害児支援に係る給付		児童発達支援 医療型児童発達支援 放課後等デイサービス 居宅訪問型児童発達支援 保育所等訪問支援 福祉型障害児入所施設 医療型障害児入所施設 障害児相談支援 (児童福祉法に基づく)

第4問　【正答】　④

①　適切。「ロートンのモデル」では、高齢者の生活機能のレベルを、低いほうから順に「生命維持」「機能的健康度」「知覚―認知」「身体的自立」「手段的自立」「知的能動性」「社会的役割」の7段階に分類した。自立できているかどうかの境目は「身体的自立」の段階で、日常生活動作 (ADL) がその判定の基準となる (テキスト p.51〜52)

②　適切。「手段的自立」は、手段的日常生活動作 (IADL) がその判定の基準となる。(テキスト p.51〜52)

③　適切。生活機能のレベルは、知的好奇心を失わない「知能能動性」の段階がこれに次ぐ。(テキスト p.36)

④　不適切。**夫婦だけの世帯や一人暮らしの多い現代では、自立して暮らす**

には生活機能が「**手段的自立**」の段階以上にあることが求められる。したがって「**身体的自立**」の段階以下のレベルにある場合、**虚弱（要支援）高齢者と判断**される。（テキスト p.52）

第5問 【正答】 ③

①　適切。食事をするときはおいしいと感じることも大切で、食欲が増すだけでなく、脳の生理活性物質を増加させ、認知能力も向上させる。また、食事はコミュニケーションの場でもある。（テキスト p.55）

②　適切。うつ状態や摂食・嚥下障害が原因で低栄養になることがある。義歯の整備など口腔ケアも欠かせない。（テキスト p.55）

③　不適切。**ビタミン・ミネラルやたんぱく質は若いときと変わらぬ量が必要**。また**動物性たんぱく質を、植物性たんぱく質よりもやや多めに摂取**するようにする。１日あたり、少なくても**肉と魚をそれぞれ60〜100g、卵１個、牛乳200cc程度**とるのが目安。（テキスト p.56）

④　適切。野菜は緑黄色野菜と淡色野菜の組み合わせで、１日350gの摂取が目標。減塩が必要な場合は、香草やスパイスなどで味つけを工夫する。また、よくかむ習慣をつけておけば、誤嚥性肺炎の予防にもつながる。（テキスト p.56〜57）

第6問 【正答】 ②

①　適切。生活機能とは、日常生活で自立して暮らせる能力のこと。人のからだは常に動かして刺激を受けていなければ機能低下が早くなり、高齢者では２〜３日寝込んだだけで足の力が低下し、ふらつくことがある。適度な運動は機能低下を予防するだけでなく、認知症やうつの予防にも役立つ。（テキスト p.57）

②　不適切。**自立高齢者は１日最低5,000歩程度を目安**に歩くようにする。**家の中だけでは歩行不足になる**ので、**戸外への散歩**など、**行動範囲を広げる**ことも大切。近年では、１日5,000〜7,000歩の歩行（１時間程度の歩行）が最も長寿に効果があるとする研究報告もある。（テキスト p.58）

③　適切。加齢とともにからだの予備力・防衛力・適応力・回復力は低下するので、それを踏まえて、注意しながら運動を行う必要がある。（テキスト p.58）

④　適切。転倒を予防するには住環境の整備だけでなく、日ごろから歩くこ

とをはじめとした運動を習慣づけ、体操やスクワットなどで下半身を強化することも大切である。(テキスト p.59〜60)

第7問 【正答】 ③

① 適切。ヘルスプロモーション(Health Promotion)は、WHOが1986(昭和61)年にカナダのオタワで開催した第1回ヘルスプロモーション会議で示された健康増進に関する新しい概念。この会議で採択された「オタワ憲章」のなかで「人々がみずからの健康をコントロールし、改善することができるようにするプロセスである」と定義されている。(テキスト p.60)

② 適切。ヘルスプロモーションを実践するときのポイントは、要介護状態を予防するためのポイントとも重なる。また、各ポイントの具体的な内容は、生活機能のレベルによって違ってくる。(テキスト p.61)

③ 不適切。**自立高齢者には、赤筋**(遅筋線維)**とともに、加齢によって衰えやすい白筋**(速筋線維)**を鍛えるプログラムも求められている。白筋**は、ダンベルなどを使った筋力トレーニング(**無酸素運動**)で鍛えられる。(テキスト p.61)

④ 適切。要介護状態になるおそれが高い高齢者は、それぞれ抱えている問題が異なるので、生涯体育のプログラムはグループ活動によるものではなく、ある程度は個別対応が必要になる。また、通所でマシンによるエクササイズを一定期間教わっても、家庭に帰ったら何をしたらよいかわからなくなるような状況は避けるべきである。(テキスト p.63)

第8問 【正答】 ③

① 適切。「ISO/IEC ガイド71」(高齢者及び障害のある人々のニーズに対応した規格作成配慮指針)は、日本産業標準調査会(JISC)が高齢者および障害者への配慮を行うためのガイド作成を、国際標準化機構(ISO)の消費者政策委員会(COPOLCO)に提案したことが契機となり、制定された。(テキスト p.92、p.94)

② 適切。アクセシブルデザインは、「何らかの機能に制限がある人」が使いやすいものを開発することで、結果的により多くの人が使いやすくなるという発想に立つもので、はじめから「すべての人のために」使いやすさを追求するものではない。(テキスト p.94)

③ 不適切。ISO/IEC ガイド71は、2014(平成26)年12月に改訂され、こ

197

れに伴いタイトルも「**規格におけるアクセシビリティ配慮のためのガイド**」に変わり、その対象を日常生活に何らかの不便さを感じている多くの人に広げた。（テキスト p.92、p.94）

④　適切。規格策定に際して、「改訂版ISO/IECガイド71」では従来の配慮点からのアプローチに加えて、「アクセシビリティ目標」からのアプローチが追加されている。（テキスト p.94）

第1章〜第5章　四択問題2

第1問　【正答】　③（ア・エ）

ア　適切。仙台市の「福祉のまちづくり」は車椅子使用者の「まちへ出たい」との声を反映したもので、1971（昭和46）年には同市で「福祉のまちづくり市民の集い」が開催されている。（テキスト p.81）

イ　不適切。**1973（昭和48）年に建設省**（現・国土交通省）**が出した「歩道および立体横断施設の構造について」という通達**は、「**老人**」だけではなく、「**身体障害者、自転車、乳母車等の通行の安全と利便を図る**」ことをその目的としている。（テキスト p.81）

ウ　不適切。**日本初のユニバーサルデザイン関連条例は、2003（平成15）年**4月に静岡県浜松市が施行した「**浜松市ユニバーサルデザイン条例**」。（テキスト p.83）

エ　適切。「ユニバーサルデザイン政策大綱」の策定・公表により、ユニバーサルデザインを掲げた社会づくりの推進が、国レベルでも政策の大きな柱に位置づけられた。（テキスト p.83）

第2問　【正答】　④（ア・ウ）

ア　適切。共用品が使用者を限定しない用具であるのに対し、福祉用具は使用者を限定し、特別な配慮を施した用具である。（テキスト p.96）

イ　不適切。**福祉用具は使用目的や機能などにより分類**され、使用者の状況により選択や使い方が異なる。たとえば、**同じ車椅子でも**介助式の車椅子（**介護機器**）と自走用の車椅子（**自立機器**）では、**用具がまったく異なる**。（テキスト p.96〜97）

ウ　適切。福祉器具の導入にあたっては、「目的に合った用具の選択」「導入の時期の見極め」「活用目的の明確化」「適切な使い方の指導」に留意し、住

宅改修や介護サービスと同様に「住環境整備の選択肢の一つ」と認識して、コストを含めた有効な活用方法や生活のあり方全体を考慮する必要がある。（テキスト p.97〜98）

エ　不適切。介護保険の給付対象になっている**福祉用具は、2023（令和5）年時点で19種目（貸与種目13、購入種目6〈2022（令和4）年4月に「排泄予測支援機器」が追加〉）。一般に福祉用具と呼ばれていても、介護保険の給付対象ではない用具があるので、介護支援専門員**（ケアマネジャー）や**福祉用具専門相談員**などに相談して**確認**する必要がある。（テキスト p.119〜120）

第3問　【正答】　②（ア・ウ）

ア　適切。玄関で靴を着脱する習慣のため、日本の住宅には上がりがまち段差が存在する。「かまち（框）」は、床の面の端を隠すための化粧横木のこと。玄関の上がりがまち、床の間の床がまち、縁側の縁がまちなどがある。（テキスト p.150）

イ　不適切。**車椅子を利用**するときは、**玄関の土間の奥行きを有効寸法で1,200mm以上確保**する必要がある。実際に利用される車椅子の多くは1,100mm程度（介助用は890〜960mm程度）で、これに100mm程度余裕をもたせる。また、**土間やホール**（玄関から入ったところにある広間）**部分にベンチや踏み台を設置し、介助スペースなども確保したいときは、玄関の間口**（正面の幅）**は有効寸法で1,650mm程度必要**になる。（テキスト p.151〜152）

ウ　適切。洗い場でからだを洗う習慣があるため、日本の浴室は洗い場から洗面・脱衣場に湯水が流れ出ないように、古い住宅だと出入り口に通常100mm程度の段差が設けられている。グレーチングは、排水溝などに設置する格子状あるいはすのこ状の蓋のこと。（テキスト p.164）

エ　不適切。洗い場にすのこを敷き詰めて浴室の出入り口段差を解消するときは、**すのこを敷いた状態**でまたぎやすいように、**浴槽縁の高さをすのこから400〜450mm程度にする。**その際、**浴室内の蛇口**（水栓金具）**はすのこの分だけ低くなる**ため、その**高さにも配慮が必要。**ユニットバスの場合、浴室の出入り口段差を工事によって改修するのが困難なので、すのこを利用する。（テキスト p.164〜165）

第4問 【正答】 ④（イ・エ）

ア　不適切。**浴室用のすのこ**は「入浴補助用具」として、**介護保険の福祉用具購入費の支給対象となる特定福祉用具**の一つ。なお「**段差の解消**」は、**介護保険の住宅改修費の支給対象項目**であるが、**取り付け工事を伴わない**スロープや浴室内のすのこ設置による段差解消はその**支給対象に含まれない**。（テキスト p.119～120、p.123、p.179）

イ　適切。ミニスロープ設置による段差解消では、工事を行って家屋に直接固定をする場合は介護保険の住宅改修費支給の対象となり、工事を伴わない据置式の場合は介護保険の福祉用具貸与（レンタル）の対象となる。（テキスト p.119、p.179）

ウ　不適切。昇降機・リフト・段差解消機など、**動力によって段差を解消する機器を設置する工事**は、**介護保険の住宅改修費の支給対象に含まれない**。ただし、**据置式の段差解消機**など、**取り付けに工事を伴わない段差解消機器の設置**は、「**移動用リフト**」の種目で、**介護保険の福祉用具貸与**（レンタル）**の対象**となる。（テキスト p.119～120、p.126、p.179）

エ　適切。浴槽用の手すりは「入浴補助用具」として、介護保険の福祉用具購入費の支給対象となる特定福祉用具の一つ。（テキスト p.120）

第5問 【正答】 ②（イ・エ）

ア　不適切。**下肢機能の低下、立ち座りや布団の上げ下ろしの負担**を考慮すると、**高齢者ではベッドでの就寝が基本**になる。（テキスト p.173）

イ　適切。ベッドの位置、車椅子の乗降スペース、介助者の立ち位置など、寝室内での動作も詳細に検討する必要がある。（テキスト p.174）

ウ　不適切。寝室には、**ベッド上から外の景色が楽しめ、有効寸法を確保すれば車椅子でも出入りできる**「掃き出し窓」が適している。サッシ（窓枠）の幅寸法は、使用する車椅子幅とサッシの有効寸法を考慮して決める。また、**屋外へのデッキ設置**など、**サッシの外側と屋内床面を同じレベルの高さにする工夫も必要**。（テキスト p.174）

エ　適切。具体的には、光を壁や天井などに反射させ、その反射光を利用する「間接照明」や、「シェード（かさ）付きの照明器具」を採用したり、ベッド上から直接光源が見えない位置に照明器具を設置して対処する。（テキスト p.175）

第6問 【正答】 ② (イ・ウ)

ア 不適切。**生活環境を含めたわが国の高齢社会対策の基本的枠組みは、1995（平成7）年に施行**された「高齢社会対策基本法」に基づく。「高齢社会対策大綱」は高齢社会対策基本法で政府に作成が義務づけられた、政府が推進すべき高齢社会対策の指針で、初めて公表されたのは1996（平成8）年。（テキスト p.5〜6、p.190）

イ 適切。住宅品確法の正式名称は「住宅の品質確保の促進等に関する法律」。（テキスト p.193）

ウ 適切。「高齢者が居住する住宅の設計に係る指針」の策定により、1995（平成7）年に建設省（現・国土交通省）が公表した「長寿社会対応住宅設計指針」は廃止された。なお「高齢者住まい法」の正式名称は「高齢者の居住の安定確保に関する法律」。（テキスト p.185、p.192）

エ 不適切。**住生活基本法は第6条で「住生活の安定の確保及び向上の促進に関する施策の推進**は、住宅が国民の健康で文化的な生活にとって不可欠な基盤であることにかんがみ、**低額所得者、被災者、高齢者、子どもを育成するその他住宅の確保に特に配慮を要する者の居住の安定の確保が図られることを旨として、行われなければならない。**」と、住宅困窮者へのセーフティネット構築にも踏み込んでいる。（テキスト p.205）

第7問 【正答】 ① (ア・ウ)

ア 適切。住民一人ひとりの思いを重視したまちづくりは、「まちを知る」（自身の居住地域をよく観察して問題点を発見する）→「まちづくりへの参加・協力」（問題意識を同じくするグループ活動への参加など）→「まちづくりの企画・立案」（他の地域住民、事業者、行政などと連携して計画づくりに参加）の段階を踏むことになる。（テキスト p.209〜210）

イ 不適切。**「建築協定」は、条例で定める一定区域内での建物の敷地・構造・デザインなど**について、**関係権利者全員の合意により取り決める**もので、地域住民や事業者の意見は反映される。（テキスト p.211）

ウ 適切。地方自治法に基づく条例である「福祉のまちづくり条例」は、手続や罰則規定を設けている事例がほとんどなく、法的な強制力や拘束力は弱い。また、「福祉のまちづくり条例」で届出の対象としていた建築物が、「バリアフリー法」の建築確認の対象となったことから、建築物は条例の対象から除外されてきている。（テキスト p.220〜221）

エ　不適切。**地域防災計画**は、1961（昭和36）年制定の「**防災対策基本法**」を根拠に、**地方公共団体が策定**する計画。**高齢者・障害者・乳幼児その他の特に配慮を要する人を**「**要配慮者**」と位置づけ、その対応策も定めることになっている。なお、「**都市計画法**」の**1992（平成４）年改正**に伴って創設されたのは、市町村の都市計画に関する基本的な方針である「**都市計画マスタープラン**」。（テキスト p.222～223）

重要用語

A〜Z

ADA

Americans with Disabilities Act of 1990（障害をもつアメリカ人法）の略称。障害者への差別禁止・社会参加の促進や環境整備を図る米国の法律ながら、日本の福祉政策にも大きな影響を与えた。

ADL

日常生活動作（Activities of Daily Living）の略称。人が生活を送るために行う活動能力のことで、食事、排泄、着替え、入浴、簡易な移動など、毎日繰り返される一連の身体動作を指す。ADLは高齢者や障害者の生活自立度を測るための指標ともなる。

IEC

国際電気標準会議（International Electrotechnical Commission）の略称。電気および電子技術分野の国際規格の作成を行う国際機関で、1906（明治39）年に設立。ISO（国際標準化機構）が設立された1947（昭和22）年以降は、ISOの電気・電子部門として活動。

IL運動

自立生活運動（Independent Living Movement）のこと。1970年代の米国で広まった、障害者が重度の障害を持ちながらも保護者から離れ、自己決定に基づいて主体的な生活を目指す運動。

ISO

国際標準化機構（International Organization for Standardization）の略称。IECが統括する電気および電子技術分野を除く、工業分野の国際的な標準規格を策定する国際機関として1947（昭和22）年に設立。約2万の規格を管理しており、製品やサービスの国際交流を促し、知的、科学的、技術的、経済的活動分野の発展を目的とする。

Iターン

都会で生まれ育った人が地方に移住するなど、就職等の事情で故郷以外の地域へ移住すること。

JIS

日本産業規格（Japanese Industrial Standards）の略称。1949（昭和24）年に制定された「工業標準化法」に基づいて鉱工業品の品質や性能等の基準を定めた「日本工業規格」（英訳は同じ）がその前身。「工業標準化法」が「産業標準化法」に名称が変わった2019（令和元）年7月からは、データ、サービス、経営管理等も標準化の対象に追加され、現在の正式名称に変更された。

Jターン

地方で生まれ育った人が都会に居住したあとに、故郷とは違う別の地方（故郷に近いことが多い）に移住すること。

LIFE

LIFEはLong-term care Information system For Evidenceの略称で、「科学的介護情報システム」のこと。2017（平成29）年に開始されたVISIT（通所・訪問リハビリテーションデータ収集システム）と、2020（令和2）年に開始されたCHASE（高齢者の状態やケアの内容等データ収集システム）を一体的に運用するシステムとして、2021（令和3）年4月に運用開始。一定の様式に従い、介護サービス利用者の状態や、介護施設・事業所で行っているケアの計画・内容などを入力してインターネットで厚生労働省へ送信すると、その内容分析の結果が厚生労働省から当該施設等にフィードバックされる。

LSA

LSAはLife Support Adviserの略称で、「生活援助員（ライフサポートアドバイザー）」のこと。市町村の委託により、サービス付き高齢者向け住宅やシルバーハウジングなどに住む高齢者に対して、必要に応じて日常生活上の相談・指導、安否確認、緊急時の対応、一時的な家事援助などの日常生活支援サービスを行う。生活援助員に必須の資格はないが、介護福祉士や訪問介護員（ホームヘルパー）などの資格を有する人が携わることが多い。なお、生活援助員の派遣事業は、「介護保険法」に定められる地域支援事業のうち、地域の実情に応じて市町村が実施する任意事業の中に含まれる。

NPO

Non-Profit Organization（あるいはNot-for-Profit Organization）の略称で、民間の非営利団体のこと。行政・福祉組織とは別に社会的活動に従事する。NPOのうち、「特定非営利活動促進法」に基づいて法人格を取得したものを「特定非営利活動法人（NPO法人）」という。

OECD

Organisation for Economic Co-operation and Developmentの略称で、「経済協力開発機構」のこと。欧州や北米などの先進国によって、国際経済全般について協議することを目的とした国際機関。設立は1961（昭和36）年で、当初の加盟国は20か国。日本は1964（昭和39）年に加盟し、現在の加盟国は38か国。

OT

Occupational Therapistの略称で、「作業療法士」のこと。

→作業療法士

PT

Physical Therapistの略称で、「理学療法士」のこと。

→理学療法士

ST

Speech-Language-Hearing Therapistの略称で、「言語聴覚士」のこと。

→言語聴覚士

SW

ソーシャルワーカー（Social Worker）

の略称。

→ソーシャルワーカー

Uターン

地方で生まれ育った人が都会に居住したあとに、再び故郷に戻って居住すること。

V溝レール

引き戸の下部の床面に設置する、断面がV字型のレールのこと。床面に埋め込んで取り付ける。レールが床面から突出しないため、つまずきや転倒の危険性が低い。金属製が一般的。

WAIS尺度得点

WAIS は Wechsler Adult Intelligence Scale（ウェクスラー式成人知能検査）の略称。WAIS尺度得点は、ウェクスラー式成人知能検査に基づいて表示した大人の知能テストの得点。

WHO

World Health Organizationの略称で、「世界保健機関」のこと。1948（昭和23）年に設立された、加盟国や地域の代表で構成される保健に関する国際連合の専門機関。感染症対策、衛生統計、規準づくり、技術協力、研究開発など、保健分野の広範な活動を行っている。現在は194の国と地域が加盟。設立日である4月7日は、「世界保健デー」になっている。

あ

上がりがまち

玄関や土間と屋内の床との境の縁に取り付ける横木の枠材のこと。かまち（がまち）は、漢字で「框」と書く。

明るさ感知式スイッチ

周囲の明るさに合わせて点灯・消灯するスイッチのこと。センサーによって明暗を感知し、自動的に動作するため、消し忘れの防止や電気代の節約に役立つ。

い

一般定期借地権

50年以上の一定長期間の定期借地権契約を行うことで、一般的に購入（所有権）よりも低い価格で土地を取得・利用できる権利。ただし、原則として契約の更新や期間延長はできず、契約の終了時には建物を取り壊し、更地にして地主に返還することになる。また、居住しなくなった場合は、借地権とともに住宅も売却できるが、一般的に買い手を見つけるのは難しいとされる。なお、定期借地権には一般定期借地権のほか、10年以上50年未満で契約する「事業用定期借地権」と、契約締結から30年以上が経過した時点で借地上の建物を地主に売り渡す「建物譲渡特約付き借地権」がある。

イニシャルコスト

「初期費用」あるいは「導入費用」ともいう。新事業を始めたり、新たな機械や設備などを導入・設置するときなどに、それらが稼働するまでの段階でかかる費用のこと。

→ランニングコスト

エイジレス社会（Ageless Society）

年齢にとらわれず、全ての年代の人々が意欲や能力に応じて、生き生きと充実した暮らしができる社会のこと。日本では、高齢者（シニア）と若者が共に社会参加し、互いに支え合いながら活躍する社会を指すことが多い。

大壁

木造建築で、壁の仕上材を柱面の外側に施すことで、柱を隠した壁のこと。

→真壁

折れ戸

2枚以上の板材をつなぎ合わせることで、折りたためるようになった扉のこと。開閉操作はやや難しいが、開き戸よりもデッドスペースが少なくからだの移動も少ない。主に浴室や収納の扉として使われる。なお、折りたたみの厚さ分だけ、開口部の有効寸法（出入りできる幅）は狭くなる。

介護実習・普及センター

高齢者の介護に携わる地域住民やボランティアらが、介護の知識や技術を習得することなどを目的とした施設。福祉用具展示室、介護実習室などを備え、介護講座や情報提供、専門職向けの研修なども行う。1992（平成4）年度に事業開始。

介護認定審査会

要介護認定の二次判定を行う審査機関。委員は保健、医療、福祉に関する学識経験者から、市町村長が任命する。

介護予防

要介護状態の発生をできる限り防ぐ（遅らせる）ことや、要介護状態にあってもその悪化をできる限り防ぎ、さらには軽減をめざすことをいう。

ガイドヘルパー

単独移動が難しい障害者の外出を支援するヘルパーのこと。「移動介護従事者」「外出介護員」とも呼ばれる。従事するには研修を受け、資格を取得する必要がある。

科学的介護情報システム

→LIFE

カフ

ロフストランド・クラッチ（前腕固定型つえ）で、つえの上部に付けられた前腕を通す輪のこと。手を通しやすいU字型のオープンカフと、手をしっかりと固定するO字型（C字型）のクローズドカフがある。カフの下には手で握るためのグリップがあり、前腕と手の2点でからだを支える。なお、オープンカフは安定性には欠け、クローズドカフは転倒などの事故時に外れにくい欠点がある。（p.147図2参照）

共用品

特定の人にだけでなく、より多くの人

が使いやすいようにつくられた用具のこと。日本が提案した用語で、2014（平成26）年に改訂されたISO/IECガイドラインでは、「アクセシブルデザイン（Accessible design）」と訳されている。なお、同ガイドラインでは、誰もが使いやすいように配慮されたユニバーサルデザイン（Universal design）と同じ意味で、アクセシブルデザインが使用される場合があるとしている。

共用品推進機構

　共用品や共用サービスの開発や普及による共生社会の実現を活動目的とする公益財団法人。1991（平成3）年に活動を開始した市民団体がその前身で、1999（平成11）年11月に財団法人として設立。2012（平成24）年4月に公益財団法人に移行した。ホームページで「共用品・共用サービスの定義」と「5つの原則」を公表している。

居宅介護支援事業者

　介護サービスの利用者に合ったケアプランを作成する介護支援専門員（ケアマネジャー）の所属する機関のこと。居宅介護支援事業所の運営主体。

居宅介護支援事業所

　「介護保険法」に基づき、要介護認定を受けた人が自宅で介護サービスなどを利用しながら生活できるように支援する各地の事業所のこと。居宅介護支援事業者が運営する。介護支援専門員（ケアマネジャー）が常駐し、利用者本人や家族の心身の状況や生活環境、希望などに沿って、介護サービス計画（ケアプラン）を作成し、ケアプランに基づいて介護保険サービス等を提供する事業所との連絡・調整などを行う。なお、2021（令和3）年4月以降は、居宅介護支援事業所の管理者は主任介護支援専門員（主任ケアマネジャー）であることが原則となっている。

グレーチング

　排水溝などの上にかぶせる格子状、またはすのこ状の覆いのこと。グレーチング上を車椅子などで通過するとがたつくことがあるので、注意を要する。

蹴上げ

　階段の一段分の高さのこと。住宅での蹴上げの寸法は、「建築基準法」により230mm以下と定められている。

　→踏面

ケアハウス

　家庭環境や住宅事情等の理由により、自宅で自立した生活をすることが困難な、原則60歳以上の人が利用できる老人福祉施設で、軽費老人ホームの一種。バリアフリー化され、食事サービスなどが提供される。軽費老人ホームには「A型」「B型」「C型」および「都市型」の形態があり、ケアハウスは「C型」に当たるが、現在は「A型」と「B型」の新設が認められておらず、軽費老人ホームの

大半がケアハウスである。

ケアプラン

要介護者に対し、適切なサービスを提供するための介護サービス計画のこと。ケアプランには「居宅サービス計画」と「施設サービス計画」がある。このうち、居宅サービス計画は居宅介護支援事業所のケアマネジャーが作成するのが一般的だが、特別に市町村に届け出たうえで利用者本人が作成することもできる（セルフプラン）。一方、施設サービス計画は施設側のケアマネジャーが作成する。なお、要支援者へのサービスは、「介護予防ケアプラン」に基づいて行われる。

言語聴覚士

言語や聴覚などの障害でことばによるコミュニケーションに困難を抱える人や、摂食・嚥下障害のある人を対象に、その問題の程度、発生のメカニズムを評価し、その結果に基づいて訓練、指導、助言、その他の援助を行う専門職。嚥下訓練や人工内耳の調整等は歯科医や医師の指示の下で行う。勤務先は病院、リハビリセンター、老人保健施設、福祉施設など。国家資格である。

建築確認

一定の建築物を建築（増改築を含む）しようとするときに、着工前に「建築基準法」などの建築基準関係規定に適合するか否かを自治体が（専門業者に依頼しながら）確認する審査のこと。

建築基準法

国民の生命、健康、財産を保護し、公共の福祉の増進に資することを目的として、建築物の敷地、構造、設備および用途に関する最低基準を定めた法律。建ぺい率（建築面積の敷地面積に対する割合）や容積率（延べ面積の敷地面積に対する割合）の上限や、着工前の建築確認、着工後の中間検査、完了検査なども定められている。1950（昭和25）年施行。

建築協定

「建築基準法」や「都市計画法」などの一般的制限以外に、条例で定める一定区域内での建築の敷地・構造・デザインなどについて、関係権利者全員の合意の下に取り決める協定のこと。

後期高齢者

75歳以上の高齢者のこと。

→前期高齢者

合計特殊出生率

ある年次の15歳から49歳までの女性の年齢別出生率を合計したもの。1人の女性がその年次の年齢別出生率で一生の間に生むとしたときの子どもの数。年齢別出生率を「合計」し、限定した女性人口を用いることから「特殊」が付いている。2022年の日本の合計特殊出生率は1.26。人口動態の出生の傾向を知る指標。

交通バリアフリー法

正式名称は「高齢者、身体障害者等の公共交通機関を利用した移動の円滑化の促進に関する法律」。公共交通事業者に対して鉄道駅等の旅客施設や車両のバリ

アフリー化を求め、市町村等が旅客施設を中心とした一定地区の道路、駅前広場等のバリアフリー化を推進できる枠組みを定めた法律。2000（平成12）年制定。2006（平成18）年には同年制定の「バリアフリー法」に吸収される形で、「ハートビル法」とともに廃止された。

　　　→バリアフリー法

高齢社会対策基本法

　高齢社会対策の基本理念を明らかにし、国や地方公共団体の責務や国民の努力の必要性を示しながら、社会全体として高齢社会対策を総合的に推進するために定められた法律。1995（平成7）年12月に施行された。

高齢社会対策大綱

　高齢社会対策基本法第6条に基づいて定められた、政府が推進すべき基本的かつ総合的な高齢社会対策の指針。最初の大綱は1996（平成8）年に公表され、3度目の大綱が閣議決定された2012（平成24）年以降は、おおむね5年を目処に必要に応じて見直すこととなった。直近の見直しは4度目の大綱が閣議決定された2018（平成30）年。

高齢者住まい法

　高齢者が安心して生活できるように居住の安定確保を図り、高齢者福祉の増進に寄与することを目的とした法律。正式名称は「高齢者の居住の安定確保に関する法律」。2001（平成13）年施行。2011（平成23）年4月には「サービス付き高齢者向け住宅事業制度」の創設な

どを柱とする大幅な改正が行われ（「改正高齢者住まい法」）、同年10月の施行とともに「サービス付き高齢者向け住宅事業登録制度」が開始された。

国際障害者年

　国際連合が定めた国際年の一つで、1981（昭和56）年を指す。障害者の「完全参加と平等」がスローガン。1976（昭和51）年の国連総会で決議・採択され、1979（昭和54）年にその行動計画が策定されている。国連はさらに、1983（昭和58）年から1992（平成4）年までを「国連・障害者の十年」とした。

国際電気標準会議

　　　→IEC

国際標準化機構

　　　→ISO

コレクティブハウジング

　独立した住居部分とは別に、ダイニングキッチンやリビングなどの共有スペースをもち、生活の一部を共同化する集合住宅の形態。子育て世代が家事を協同で分担する目的で1970年代に北欧で考案され、現在は多世代居住を基本に、北米などでも普及している。

コンバージョン

　既存の建築物の用途を変更し、再利用すること。環境負荷の観点からも注目されている。

さ ....

サービス付き高齢者向け住宅（サ高住）

　60歳以上の単身・夫婦世帯等を対象

に、安否確認サービスや生活相談サービス等を提供する民間企業運営による賃貸住宅のこと。2011（平成23）年の高齢者住まい法の改正で創設された。各専用部分の床面積は原則25㎡以上。それぞれに台所、水洗便所、収納設備、洗面設備、浴室を有し、バリアフリー構造を備える。また、安否確認や生活相談といった見守りサービスのため、ケアの専門家が少なくとも日中、建物に常駐する。契約面では説明責任や一方的解約の禁止など、入居者保護のルールが定められている。サービス付き高齢者向け住宅は登録制で、要件を満たした事業者が都道府県（都道府県から指定を受けた市町村も含む）・政令市・中核市に申請・登録し、インターネット上で登録情報や運営情報が公開されている。「サ高住」の創設により、従前の「高齢者円滑入居賃貸住宅」「高齢者専用賃貸住宅」「高齢者向け優良賃貸住宅」は廃止された。

災害対策基本法

　日本の災害対策関係法律の一般法。1959（昭和34）年の伊勢湾台風がもたらした甚大な災害被害を契機に、1961（昭和36）年に制定された（1962〈昭和37〉年施行）。国土と国民の生命、身体、財産を災害から保護するため、国や地方公共団体、その他の公共機関による必要な体制の整備と責任の所在の明確化、防災計画の策定、災害予防、災害応急対策、災害復旧などの措置を定めることを求めている。施行後も、1995（平成7）年の阪神・淡路大震災や2011（平成23）年の東日本大震災などで生じた大災害に伴い、法律の見直し（改正）が行われている。

在宅介護支援センター

　1989（平成元）年策定の「高齢者保健福祉推進十か年戦略（ゴールドプラン）」により、高齢者の在宅福祉や施設福祉の基盤整備を推進するために、高齢者やその家族が身近なところで専門職による相談・援助が受けられるよう、全国で整備が進められた施設。1994（平成6）年改正の「老人福祉法」では「老人介護支援センター」として規定されている。2005（平成17）年には最大8,668か所が設置されたが、介護保険制度導入後の「地域包括支援センター」の創設（2006〈平成18〉年）により、その多くはこれに移行。地域包括支援センターのブランチやサブセンターとして存続しているものもある。

　→地域包括支援センター

作業療法士

　作業療法を通じてリハビリテーションを指導する専門職。国家資格。「作業」とは、家事や着替え・排泄などの日常的な生活行為（セルフケア）のほか、仕事、地域活動、余暇活動といった日常生活に関わるすべての諸活動を指す。障害や不自由さを抱えた人が自立して生活できるように、作業の練習や福祉用具支援などを通して、対象者の基本的動作能力、応用的動作能力、社会的応用能力の維持・改善を目指す。手芸やガーデニング、レ

重要用語

クリエーションなどが取り入れられることもある。

支援費制度

　障害者自らが福祉サービスを選択し、事業者との対等な関係で契約を結びサービスを利用する制度。利用者は市町村の決定に基づき指定事業者と契約し、事業者にはサービス終了後に負担能力に応じた利用者負担額と、市町村から支援費が支払われる。行政が障害福祉サービスを決定してきた、行政処分による「措置制度」を改めたもので、2003（平成15）年4月に導入された。

視覚障害者用誘導ブロック

　視覚障害者の安全誘導のために、地面や床面に敷設されたブロックのこと。「点字ブロック」ともいう。足裏の触感覚で認識できるよう、表面に突起が付いている。進行方向を示す線上ブロックと、注意を促す点状ブロックがある。2001（平成13）年にJIS規格化され、突起の形状や寸法等が規定された。

四肢麻痺

　四肢（両上肢と両下肢）に麻痺が現れ、体幹のコントロールが難しい状態のこと。外傷や疾患などで脊髄が傷つくことで起こる。なお、片側の上肢もしくは下肢のいずれかに限局した麻痺は「単麻痺」、両上肢あるいは両下肢に現れる麻痺は「対麻痺」、右半身あるいは左半身といった片側の上肢と下肢に現れる麻痺

は「片麻痺」と呼ばれる。

失語症

　脳血管障害や脳損傷により、一旦獲得された「聴取」「読字」「書字」「発語」といった言語機能が障害されること。「他人の言うことが理解できない」「何が書いてあるのか理解できない」「字が書けない」「自分の思っているように話せない」などの状態が現れる。

指定特定相談支援事業者

　市町村から指定された、障害者やその家族が障害福祉サービスを利用する際の相談窓口で、「相談支援センター」とも呼ばれる。一般的な相談に応じて情報提供などを行う「基本相談支援」のほか、アセスメントに基づいて、障害福祉サービスを利用するための「サービス等利用計画案」や、市町村のサービス支給決定後に「介護サービス等利用計画（ケアプラン）」を作成する「計画相談支援」を行う。サービス開始後は一定期間ごとにモニタリングを実施し、必要があれば計画を見直す。なお18歳未満の場合は、「指定障害児相談支援事業者」がその相談窓口となる。

社会的障壁

　障害者にとって日常生活や社会生活を送るうえで障壁（バリア）となるような、社会における事物（利用しにくい施設や設備等）、制度、慣行、観念（障害者への偏見）などのこと。「障害者基本法」第2条第2項で定義されている。

社会保障関係費

政府予算の一般会計歳出のうち、年金・医療保険・介護保険・生活保護などに拠出される社会保険関連費用のこと。高齢化などの影響で、その額は増加し続けている。

社会保障給付費

年金、医療保険、介護保険、雇用保険、生活保護、子育て支援など、社会保障制度を通じて国民に給付される金銭やサービスの1年間の合計額のこと。国際労働機関（ILO）の基準に基づき算出され、自己負担額や管理費等は含まれない。国全体の社会保障の規模を表す数値であり、国立社会保障・人口問題研究所が毎年推計・発表する。

尺貫法

規準の単位として、長さに「尺」、質量に「貫」、体積に「升」を用いる単位系のこと。「計量法」の改正により、1966（昭和41）年4月以降は、土地や建物を含めて取引や証明での使用が禁止された。その一方で、軸組構法の木造住宅では、柱間の芯一芯距離（「柱芯一芯」ともいう）を6尺（一間）あるいは3尺（半間）で割り付けられていることが多い。6尺は1,820mm、3尺は910mm。なお、一坪は6尺×6尺で約3.3㎡（畳2枚分）。

→柱芯一芯

住生活基本法

戦後の住宅政策を抜本的に見直した、現在に至る日本の住宅政策の基本法。国民の豊かな住生活の実現を図るため、その基本理念、国・地方公共団体・住宅関連事業者の責務、住生活基本計画の策定、その他の基本となる事項を定める。2006（平成18）年制定。

住宅確保要配慮者

低額所得者、被災者、高齢者、障害者、子どもを育成する家庭など、住宅の確保で特に配慮を要する人たちのこと。

住宅確保要配慮者居住支援協議会

住宅セーフティネット法第51条第1項に基づく組織。住宅確保要配慮者の民間賃貸住宅への円滑な入居の促進等を図るために、地方公共団体、不動産関係団体、居住支援団体などが連携して設立する。「居住支援協議会」とも呼ばれる。住宅確保要配慮者と民間賃貸住宅の賃貸人の双方に、住宅情報の提供等の支援を行う。

住宅性能表示制度

1999（平成11）年制定の「住宅品確法」で設定が規定された制度。契約前に住宅の性能を比較できるように、表示基準を設定するとともに、客観的に性能を評価する第三者機関を設置し、住宅の品質の確保を図る。新築住宅は2000（平成12）年7月に、既存住宅は2002（平成14）年8月に、それぞれ「日本住宅性能表示基準（表示基準）」と「評価方法基準」が制定されている（2022〈令和4〉年に一部改正）。

住宅セーフティネット法

2007（平成19）年に制定された「住宅確保要配慮者に対する賃貸住宅の供給の促進に関する法律」の略称。既存の賃

貸住宅や空き家等の有効活用を通じて、住宅確保要配慮者が入居しやすい賃貸住宅の供給促進を図ることを目的とする法律。2017（平成29）年に改正され、都道府県による計画策定、住宅確保要配慮者が入居できる住宅の登録や情報公開、登録住宅の改修や入居への支援、住宅確保要配慮者居住支援法人（居住支援法人）による「家賃債務保証」の実施などが定められた。

住宅品確法

1999（平成11）年制定の「住宅の品質確保の促進等に関する法律」の略称（2000〈平成12〉年施行）。単に「品確法」とも呼ばれる。「新築住宅での瑕疵担保責任の義務化（10年）」「住宅性能表示制度の設定」「住宅専門の紛争処理体制の整備」が3つの柱。

収尿器

尿を収集・貯留する器具のこと。採尿器と蓄尿袋からなり、尿の逆流防止装置が備えられている。採尿器にはセンサーが排尿を感知し、ポンプで自動的に尿を吸引するタイプもある。

障害者基本計画

「障害者基本法」第9条に基づき、政府が取り組むべき障害者施策の基本的方向を定めたもの。1993（平成5）年度から2002（平成14）年度までを対象とする「障害者施策に関する新長期計画」が第1次計画で、「障害者基本計画」の名称になった2003（平成15）年度から2012（平成24）年度までの計画が第2次計画とされる。以下、2013（平成25）年度から2017（平成29）年度までを対象とする第3次計画、2018（平成30）年度から2022（令和4）年度までを対象とする第4次計画、2023（令和5）年度から2027（令和9）年度までを対象とする第5次計画が策定されている。

障害者基本法

障害者の自立・社会参加への支援等の施策推進を目的に、その基本原則を定め、国、地方公共団体等の責務を明らかにした法律。1970（昭和45）年制定の「心身障害者対策基本法」の改正（1993〈平成5〉年）を機に、名称も改題した。2004（平成16）年と2011（平成23）年に改正が行われている。

障害者白書

「障害者基本法」第13条に基づき、1994（平成6）年から政府が毎年国会に提出する「障害者のために講じた施策の概況に関する報告書」のこと。

少子化社会対策大綱

2003（平成15）年制定の「少子化社会対策基本法」第7条に基づき、総合的かつ長期的な少子化に対処するために政府が策定する指針。2004（平成16）年に第1次大綱が策定された。2020（令和2）年5月には、新型コロナ感染症対策のため最終決定が遅れていた第4次大綱が閣議決定されている（実施期間は2024〈令和6〉年度まで）。

自立生活運動

→IL運動

シルバーハウジング

60歳以上の単身・夫婦世帯などを対象に、バリアフリー化された住宅と生活援助員（LSA）による日常生活支援サービスの提供をあわせて行う公的賃貸住宅のこと。地方公共団体、都市再生機構（UR都市機構）および住宅供給公社が供給する。

真壁 (しんかべ)

木造建築で、柱や梁を露出させて仕上げた壁のこと。

→大壁

人感スイッチ

人などが動いたときの温度変化をセンサーが感知することで、自動的に照明のONとOFFを切り替えるスイッチのこと。「人感センサー付きスイッチ」とも呼ばれる。

心筋梗塞

心臓に酸素と栄養分を運ぶ冠動脈が詰まって血液が流れなくなり、心臓を構成する筋肉である心筋に壊死が起こる病気。冠動脈が急に詰まるため、突然激しい胸の痛みなどに襲われる。狭心症とともに「虚血性心疾患」の一つ。

寝食分離

寝る場所と食事する場所を別にすること。1942（昭和17）年に建築学者の西山夘三（うぞう）が提唱し、昭和30年代の住宅団地の登場を機に、住宅平面計画の主流となる。それまでは、食事も睡眠も同じ部屋で行うのが一般的な庶民の生活スタイルであり、折りたためる低い食卓の卓袱台（ちゃぶだい）を片付け、そこに布団を敷いて寝るということがごく普通に行われていた。寝食分離による、寝室から食堂への移動を伴う生活は、高齢者の寝たきり防止にもつながるとされる。

せ……………………………………

生活援助員

→LSA

世界保健機関

→WHO

脊髄損傷

脊椎（背骨）の中にある脊柱管を通る中枢神経の脊髄が損傷を受け、さまざまな障害が出る病態のこと。強い外力などで脊椎が折れたり大きくずれたりすると、脊髄も損傷される。脊椎は7個の頸椎、12個の胸椎、5個の腰椎、5個の骨が癒合した仙椎、3〜6個の骨が癒合した尾椎からなる。一方、脊髄は、左右に枝分かれする細い神経（神経根）の部位に対応して、上から8対の神経を分岐する頸髄、12対の神経を分岐する胸髄、5対の神経を分岐する腰髄、5対の神経を分岐する仙髄、1対の神経を分岐する尾髄に分けられる。英語の頭文字をとって、頸椎と頸髄はC、胸椎と胸髄はT、腰椎と腰髄はL、仙椎と仙髄はS、尾骨と尾髄はCoで表される。脊髄が損傷されると、損傷部位より下に脳の指令が伝わらなくなり、感覚障害や筋力低下などの障害が損傷を受けた部位以下に現れる。例えばT_7の脊髄（胸髄）損傷といっ

た場合は、第8胸髄以下に障害が現れることになる。

赤筋（遅筋線維）

ゆっくり収縮する筋肉で、ミオグロビンをたくさん含み、赤っぽく見えるので「赤筋」と呼ばれる。持久力を発揮し、ウォーキングや水泳などの有酸素運動で鍛えられる。

→白筋

前期高齢者

65歳から74歳までの高齢者のこと。

→後期高齢者

ソーシャルワーカー

社会福祉、医療、行政、教育などの分野で、問題を抱えている人への相談援助や情報提供を行う生活相談員の総称。関係機関との連携や調整にも携わる。病院などにおいて、医師や地方自治体等と協力しながら患者や家族の抱える問題の解決を図り、退院援助、受診・受療援助を行う「医療ソーシャルワーカー（MSW）」や、自治体や地域などのコミュニティを対象に社会福祉活動を行う「コミュニティソーシャルワーカー（CSW）」など、さまざまな職種がある。「社会福祉士」や「精神保健福祉士」などの資格を取得したうえでソーシャルワーカーに就業する人が多い。

た

大規模小売店舗立地法

店舗面積が1,000㎡を超える大規模小売店舗（大型店）の設置の際し、設置者が配慮すべき規制事項の指針を定めた法律。「大店立地法」とも略される。「大規模小売店舗における小売業の事業活動の調整に関する法律（大店法）」に代わり1998（平成10）年に制定、2000（平成12）年に施行された。店舗の立地に伴う交通渋滞、騒音、廃棄物等の周辺生活環境への影響を緩和し、大型店と地域社会との融和を図ることを目的とする。

対流暖房

暖めた空気で直接室内を暖房する方式のこと。エア・コンディショナー（エアコン）やファンヒーターなどが、この方式による代表的な暖房器具。エアコンは、熱を運ぶ冷媒（具体的には代替フロンガス）を収縮させて熱をつくり出す。一方、ファンヒーターは、ガスや石油の燃焼で生じた熱を送風ファンで送り出す。短時間で部屋全体を暖められるが、対流で室内の湿度が急激に下がり、ほこりも舞うため、加湿や換気には注意が必要となる。

建具

建築物の開口部にある開閉式の設備の総称。戸、窓、襖、障子などのこと。

団塊の世代

1947（昭和22）年から1949（昭和24）年にかけての第1次ベビーブームに生まれた人たちのこと。1976（昭和

51) 年に出された堺屋太一の小説『団塊の世代』に由来する。第二次世界大戦後には、世界規模の人口急増現象が起こり、日本ではこの3年間で約810万人もの出生数を記録した。

段鼻（だんばな）

階段の踏み板の先端部分のこと。

ち ....

地域包括支援センター

高齢者やその家族への総合的な相談・サービス支援を行う各地域での拠点。市町村が設置する。保健師・社会福祉士・主任介護支援専門員等を配置し、保健・福祉・介護の3職種のチームアプローチにより、住民の健康の保持や生活の安定のために必要な援助を行い、保健医療の向上や福祉の増進を包括的に支援する。「介護予防ケアマネジメント」「総合相談支援」「権利擁護」「包括的・継続的ケアマネジメント支援」が主な業務。2005（平成17）年の介護保険法の改正で創設（2006〈平成18〉年施行）されたもので、介護保険制度の実施以前から設置されていた「在宅介護支援センター」が「地域包括支援センター」に移行したケースも多い。

→在宅介護支援センター

中央暖房方式

セントラルヒーティング（Central Heating）のこと。建物の1か所に暖房用熱源装置を設置し、そこから発生した温水、温風、蒸気などを循環パイプで各部屋へ送ることで、建物の内部全体を暖める。「集中暖房」ともいう。

中心市街地活性化法

少子高齢化、消費生活等の状況変化に対応して、中心市街地における都市機能の増進および経済活力の向上を総合的かつ一体的に推進することを目的とする法律。1998（平成10）年制定。当初の正式名称は「中心市街地における市街地の整備改善及び商業等の活性化の一体的推進に関する法律」。2006（平成18）年の改正で、内閣に「中心市街地活性化本部」が設置されるとともに、市町村が策定する基本計画への内閣総理大臣による認定制度が創設され、多様な民間主体が参画する「中心市街地活性化協議会」の法制化も講じられることになった。また、法律の正式名称も「中心市街地の活性化に関する法律」に改題されている。2000（平成12）年施行の「大店立地法」や、分散型から集約型の都市への転換を目的に、床面積10,000㎡超の大型集客施設の立地規制を伴う「改正都市計画法」（2007〈平成19〉年に全面施行）とともに、「まちづくり三法」の一つである。

→大規模小売店舗立地法

長下肢装具

下肢を固定し、立位の保持や歩行の補助、下肢の変形の予防や治療などを目的に装着される装身具。膝までを固定して、大腿部まで装着する。重度の下肢機能障害で使用される。

と

動線

建物や都市における人や物の動きを示す線のこと。方向・頻度・時間的変化などを表示し、建築設計や都市計画の判断材料となる。

特定疾病

加齢に伴って生ずる心身の変化に起因し、要介護状態の原因となる心身の障害を生じさせる疾病のこと。末期がん、関節リウマチ、筋萎縮性側索硬化症（ALS）などの16疾患がこれに該当する（介護保険法施行令第2条）。介護保険の第2号被保険者（40〜64歳）は、特定疾病が原因で要介護・要支援認定を受けたときに、介護サービスが受けられる。

特別養護老人ホーム

常時介護を必要とし、在宅での生活が困難な高齢者が入所できる施設で、「特養」とも呼ばれる。1963（昭和38）年施行の「老人福祉法」第5条の3で規定された老人福祉施設の一つ。入所者に対し、入浴・排泄・食事などの介護、日常生活の世話、機能訓練、健康管理など、生活全般にわたる支援サービスを提供する。2015（平成27）年4月から、新規に入所できるのは要介護度3以上が原則となった。

に

日常生活動作

→ ADL

日本産業規格

→ JIS

認知症

脳の病気や障害などさまざまな原因により、記憶や判断力などの認知機能が低下し、日常生活全般に支障が出てくる状態のこと。脳の神経細胞が変性し、脳の一部が萎縮していく過程で起こる「アルツハイマー型認知症」や、脳梗塞や脳出血などで起こる「脳血管性認知症」など、さまざまな種類がある。認知症の症状は、記憶障害や見当識障害、理解力・判断力の低下といった「中核症状」と、不安、抑うつ、幻聴などの「行動・心理症状（BPSD）」に大別できる。一般的に、アルツハイマー型認知症の症状は「もの忘れ」から発症することが多い。一方、脳血管性認知症は障害された脳の部位により症状が異なるため、一部の認知機能は保たれている「まだら認知症」であるのが特徴である。高齢化の進展とともに認知症患者も増加しており、2012（平成24）年度の時点で65歳以上の7人に1人程度が認知症とされ、2025（令和7）年には65歳以上の5人に1人が認知症と推計される。認知症は高齢者に多い病気だが、65歳未満でも発症することがある（若年性認知症）。なお、認知症の前段階と考えられている「軽度認知障害（MCI）」は、そのすべての患者が認知症に移行するわけではないが、約半数は5年以内に認知症に移行するとされる。このため、MCIの段階から運動などの予

防的活動に取り組むことが重要である。

ね

熱交換型換気扇

熱が温度の高いところから低いところへ移動する性質を利用し、排出する空気と取り入れる空気の熱を移し変えながら、空気を入れ替える換気扇のこと。

室内外の空気が入れ替わる際に、熱交換器を通じて熱を交換する。外気を室温に近づけて取り入れるため、室温を大きく変えることなく換気ができる。

熱中症

高温多湿な環境に長時間いることで、体温調節機能がうまく働かなくなり、体内に熱がこもった状態のこと。めまい、顔のほてり、筋肉痛、けいれん、吐き気などの症状が現れる。 屋外に限らず、室内で何もしていないときでも発症し、緊急搬送されたり、場合によっては死亡することもある。高齢者が就寝中に発症するケースも多い。

の

脳血管障害

脳血管に異常を認める疾患の総称。「脳卒中」とも呼ばれる。脳の血管が詰まる「脳梗塞」、脳の血管が破れる「脳出血」、脳動脈瘤の破裂などにより、頭蓋骨と脳の間の空間(クモ膜下腔)に出血する「クモ膜下出血」などがある。かつては日本人の死因の第1位で、現在も「がん」や「心疾患」などと同様に死因の上位にある。

脳血管障害が原因で要介護状態になることも多い。

は

ハートビル法

デパート、ホテル、学校などの公共性の高い建築物に対し、高齢者や身体障害者らに利用しやすい施設整備を求めた法律。正式名称は「高齢者、身体障害者等が円滑に利用できる特定建築物の建築の促進に関する法律」。1994(平成6)年制定。2006(平成18)年には、同年制定の「バリアフリー法」に吸収される形で、「交通バリアフリー法」とともに廃止された。ハートビルは、「heartful」と「building」をかけ合わせた和製英語。

→バリアフリー法

廃用症候群

病気や障害などをきっかけに、身体が不活動状態になったことで生ずる二次的障害として体系化された概念で、不動、低運動、臥床に起因する全身の諸症状を総称するもの。「生活不活発病」と呼ぶこともある。皮膚や筋肉の萎縮、関節の拘縮、心肺や消化器の機能低下などの症状が現れ、日常生活の自立度を低下させる。

柱芯一芯

2本の柱の中心から中心までの長さのこと。柱、梁、筋かいなどを組み合わせて建物の骨組みを構成する、伝統的な軸組構法による木造住宅では尺貫法が用いられ、廊下・階段・トイレなどの幅員は、

219

多くの場合、柱芯一芯3尺（910mm）で造られている。

→モジュール

白筋（速筋線維）

速く収縮する筋肉で、白い線維が多いことから「白筋」と呼ばれる。ダッシュやジャンプといった瞬発力やパワーを発揮し、ダンベルの持ち上げなどの無酸素運動で鍛えられる。

→赤筋

幅木

壁と床の境目に取り付ける部材のこと。屋内の壁の最下部に、横に渡して取り付けられている薄い板状のもの。

バリアフリー

高齢者や障害者等が生活していくうえで障壁となるものを除去すること。物理的、社会的、制度的、心理的、情報面などさまざまな障壁がバリアフリーの対象となる。国際的には、「バリアフリー（barrier-free)」よりも、近づきやすさを意味する「アクセシビリティ（Accessibility)」やその形容詞である「アクセシブル（Accessible)」のほうが広く使われている。

バリアフリー法

正式名称は「高齢者、障害者等の移動等の円滑化の促進に関する法律」。「ハートビル法」と「交通バリアフリー法」を吸収・一体化する形で2006（平成18）年に制定された。旅客施設・車両等、道路、路外駐車場、都市公園、建築物に対して、バリアフリー化基準（移動等円滑化基準）への適合を求めるとともに、駅を中心とした地区や、高齢者や障害者などが利用する施設が集中する重点整備地区において、住民参加による重点的かつ一体的なバリアフリー化推進のための枠組み等を定めている。

ひ……………………………………………

ヒートショック

急激な温度の変化によって、身体がダメージを受けること。暖かい部屋から寒いトイレや浴室に移動すると、身体が温度変化にさらされて血圧が急変し、失神や不整脈、脳卒中や心筋梗塞を起こして、入浴中の溺死や急死につながることもある。脱衣して熱い湯船に浸かるときも同様で、冬場や入浴時には特に注意が必要である。

引き分け戸

2枚の戸を左右両方にスライドさせて引き分け、開閉するタイプの引き戸のこと。「両開き戸」とも呼ばれる。開口が大きく取れる。

ふ……………………………………………

輻射暖房

暖められた物から放たれる輻射熱（放射熱）を利用した暖房方式のこと。高温水や蒸気を通したり、電熱線を配置することで床面や内壁面、天井面などを暖め、その輻射熱で室内も暖める。代表的な暖房機器に床暖房などがある。

福祉用具

心身の機能が低下し、日常生活を営む

のに支障がある高齢者や障害者の日常生活上の便宜を図るための用具のこと。機能訓練のための用具や、義肢や車椅子などの補装具も含まれる。（福祉用具法〈福祉用具の研究開発及び普及の促進に関する法律〉第2条）。

プッシュアップ

座った姿勢で床や手すりなどに両手をつき、腕の力で座面から臀部を押し上げ、上体を持ち上げること。上肢の筋力が残存する脊髄損傷者の移動・移乗や、車椅子などに座っているときの臀部の褥瘡予防（除圧）等で用いられる動作。

踏面
（ふみづら）

階段で足を乗せる踏み板とその奥行のこと。踏み板と踏み板の間に入れる垂直の板は「蹴込み板」と呼ばれる。住宅での踏面の寸法は、「建築基準法」で150mm以上と定められている。

→段鼻

ほ

防湿土間コンクリート

地面からの湿気で建物の床組みなどが腐敗しないように、床下の土間部分に敷設するコンクリートのこと。湿気を防ぐフィルム（防湿シート）を敷いた後に、コンクリートを流し込む。

ま

間柱

柱と柱の間にある小柱のこと。建築の軸組で柱と柱の間が大きく、壁の仕上げ材や下地の構造材が渡せないときに、柱の中間に補足して立てる部材で、壁を支えるための柱。

み

水勾配

排水のための傾斜のこと。コンクリートの地面やテラスなどの排水管では、水たまりを発生しにくくするうえでも「水勾配」を施すことが必須であり、雨水のかかるベランダなどの床や、浴室など水洗いを必要とする床面にも施されている。

ミニスロープ

歩行時のつまずきなどを防止するために、小さな段差を解消するときに使われるくさび状の板のこと。介護保険制度における住宅改修費の支給対象項目の一つ。なお、スロープ（Slope）は、傾斜や勾配を意味し、建築分野では傾斜した道路や通路のことを指す。

も

モジュール（Module）

建築設計の基準となる寸法のこと。規格された組み立てユニットの意味で使われることもある。日本の伝統的な軸組構法による木造住宅では、柱間の芯―芯距離（柱芯―芯）を3尺（910mm）とするのが標準であり、これを「3尺モジュール」あるいは「標準モジュール」と表現することがある。モジュールに則った住宅建築には、設計の効率化や工事期間の

短縮などのメリットがある。なお、主な構造部材をあらかじめ工場で生産し、これを加工せずに現場で組み立てるプレハブ工法では、住宅メーカーによって基準となるモジュールが異なることがある。

ゆ……………………………………

有効寸法

実際に人や物が通れる寸法のこと。「有効寸法」のほか、柱などの厚みのあるもので囲まれた内側の寸法を示す「内法（うちのり）寸法」、2つの部材の外側から外側までの寸法を示す「外法（そとのり）寸法」などがある。

有料老人ホーム

「老人福祉法」第29条第1項の定義に基づき、高齢者の福祉を図るため、その心身の健康保持および生活の安定のために必要な措置として設けられている施設のこと。「介護付」「住宅型」「健康型」の3つのタイプがあり、入居者には「入浴・排泄・食事の介護」「食事の提供」「洗濯・掃除等の家事」「健康管理」のうち、少なくとも一つのサービスが提供される。設置にあたっては、都道府県知事等への届け出が必要となる。

ユニバーサル社会実現推進法

正式名称は「ユニバーサル社会の実現に向けた諸施策の総合的かつ一体的な推進に関する法律」。すべての国民が、障害の有無、年齢等にかかわらず、等しく基本的人権を享有するかけがえのない個人として尊重されるものであるとの理念にのっとり、障害者、高齢者等の自立した日常生活や社会生活が確保されることの重要性に鑑み、ユニバーサル社会の実現に向けた諸施策を総合的かつ一体的に推進することを目的とする法律（第1条）。2018（平成30）年に制定された。

よ……………………………………

要介護・要支援認定

介護保険制度における介護サービスを利用するにあたって、日常生活で必要となる介護の度合いを調査に基づき客観的に判断し、それを数値化して示すもの。程度の軽いものから順に、要支援1～2、要介護1～5の区分がある。要支援を含む要介護度の認定は、介護サービスの利用を希望する本人や家族等が、住まいのある市町村の窓口に申請書類を提出することから始まる。次に、市町村の担当者が訪問して本人や家族に聞き取り調査が行われ、その際に担当者が記入して作成した「調査票」を、全国共通の基準でコンピューターが判定する「一次判定」が行われる。さらに、一次判定の結果と主治医の意見書をもとに、保健・医療・福祉の学識経験者で構成される介護認定審査会による「二次判定」が下され、この二次判定の結果をもとに市町村が要介護度の認定を行い、本人に通知されることになる。

洋式浴槽

浅くて長い（1,200～1,800mm程度）浴槽のこと。脚を伸ばして入浴できる。

→和式浴槽

ライフサポートアドバイザー

→LSA

ライフステージ

　人生における各段階のこと。年齢によって「幼年期」「児童期」「青年期」「壮年期」「老年期」などに区分される。このほか、家庭の状況に応じて「新婚期」「育児期」「教育期」「子独立期」「老夫婦期」などに区分されることもある。

ランニングコスト

　「維持費用」ともいう。設備等の保全、維持、修理、部品取り替えなどにかかる費用のこと。

　　→イニシャルコスト

り……………………………………………

理学療法士

　身体に障害のある人や障害の発生が予測される人に対し、座る・立つ・歩くなどの基本動作能力の回復・維持や、障害の悪化予防を目的に、運動療法や温熱、電気などの物理的手段を治療に利用する物理療法等を用いて、自立した日常生活が送れるよう支援する医学的リハビリテーションの専門職。各々の対象者について、医学的・社会的視点から身体能力や生活環境等を十分に評価し、それぞれの目標に適したプログラムを作成して、リハビリテーションを行う。国家資格。

リバースモーゲージ

　死亡時一括型償還融資のこと。持ち家を担保に、そこに住み続けながら自治体や金融機関から生活資金等を借り入れ、死亡したときに担保不動産を売却して借入金を一括返済する仕組みのこと。自宅に住み続けながら生活資金を借り、利息分は月々払うものの、元本の返済は死亡後になるため、老後資金にゆとりを持たせることができる。さらには、リバースモーゲージを用いたリフォーム融資制度として住宅金融支援機構が行っている「まちづくり融資（高齢者向け返済特例）」のように、リバースモーゲージで借り入れた資金を住宅改修費用やサービス付き高齢者向け住宅の前払い金として活用することも可能である。

わ……………………………………………

和式浴槽

　床面積が狭く、深さがある浴槽のこと。肩までつかれる深さ（約600mm）があり、膝を曲げて入浴する。

　　→洋式浴槽

和洋折衷式浴槽

　文字どおり和式浴槽と洋式浴槽の要素を一つにまとめた浴槽のこと。出入りや姿勢保持が容易で、高齢者や障害者の入浴に適した浴槽とされる（外形寸法で長さ1,100 ～ 1,300mm、横幅700 ～ 800mm、深さ500mm程度が目安）。

重要用語

監修者紹介

谷川　博康（たにがわ・ひろやす）

修成建設専門学校教員。福祉住環境コーディネーター検定試験® 1 級合格。
同資格だけでなく 30 以上の資格検定を保持している。長年様々な資格検定
の対策講座に携わり、学校内外の受講生から「丁寧で分かり易い」との定
評を得ている人気教員。公認心理師などカウンセリングに関する資格も多数
持っており、修成建設専門学校 学生相談室の室長も兼任している。

制作協力

株式会社桂樹社グループ（小島強一）
蒔田和典

※「福祉住環境コーディネーター検定試験®」は東京商工会議所の登録商標です。

福祉住環境コーディネーター検定試験®
3 級模擬問題集

2024 年 3 月 30 日　　初版第 1 刷発行

監　修──── 谷川 博康
　　　　　　　©2024 Hiroyasu Tanigawa

発行者──── 張 士洛
発行書──── 日本能率協会マネジメントセンター
〒 103-6009 東京都中央区日本橋 2 - 7 - 1 東京日本橋タワー
TEL 03（6362）4339（編集）／ 03（6362）4558（販売）
FAX 03（3272）8127（編集・販売）
https://www.jmam.co.jp/

装丁──────── 後藤 紀彦（sevengram）
カバーイラスト── にしやひさ／ PIXTA
本文 DTP──── 株式会社明昌堂
印刷──────── 広研印刷株式会社
製本──────── ナショナル製本協同組合

本書の内容に関するお問い合わせは、2 ページにてご案内しております。

ISBN978-4-8005-9202-6　C0047
落丁・乱丁はおとりかえします。
PRINTED IN JAPAN